定位思维

邹晓康 骆一兰◎编著

中国纺织出版社有限公司

内 容 提 要

当今世界，"盈利能力"已成为人们探讨的热门话题。无论是市场营销还是投资、创业，其根本目的都是发展事业、获得经济回报。然而，各行各业的营销、竞争之战，已经逐渐演变为认知之战，谁能准确定位自己，定位财富的方向，谁就能独占鳌头、成为赢家。

本书是一本实用性强并值得反复阅读学习的实践指南，它立足于经济领域内的"定位理论"，引导读者设定目标，实现自我定位，找到经营事业的方向。本书内容通俗易懂，希望能对广大读者有所帮助。

图书在版编目（CIP）数据

定位思维 / 邹晓康，骆一兰编著. -- 北京：中国纺织出版社有限公司，2025.4. -- ISBN 978-7-5229-2498-4

Ⅰ.F713.5-49

中国国家版本馆CIP数据核字第2025UX0512号

责任编辑：赵晓红　　责任校对：王蕙莹　　责任印制：储志伟

中国纺织出版社有限公司出版发行
地址：北京市朝阳区百子湾东里A407号楼　邮政编码：100124
销售电话：010—67004422　传真：010—87155801
http://www.c-textilep.com
中国纺织出版社天猫旗舰店
官方微博 http://weibo.com/2119887771
天津千鹤文化传播有限公司印刷　各地新华书店经销
2025年4月第1版第1次印刷
开本：880×1230　1/32　印张：7.5
字数：146千字　定价：49.80元

凡购本书，如有缺页、倒页、脱页，由本社图书营销中心调换

前　言

荷马史诗《奥德赛》中有一句至理名言："没有比漫无目的地徘徊更令人无法忍受的了。"任何人，如果没有方向，就会因迷茫而造成内心的恐慌，在徘徊中挣扎，最终不过是度过一个平庸的人生。无头苍蝇找不到方向，才会处处碰壁；一个人找不到出路，才会迷茫、恐惧。所以，任何人，首先找到前进的方向比自身努力更重要。

这里说的"前进的方向"就是"定位"，意思是指确定方位，确定或指出的地方，确定场所或界限。对于现实生活中渴望有一番事业成就的人们来说，自身定位离不开一个"钱"字。俗话说："金钱不是万能的，但没有金钱是万万不能的。"金钱的作用早已毋庸置疑，吃饭需要钱、穿衣需要钱、住房需要钱、上学需要钱，看病也需要钱……

我们的生活离不开金钱，我们参加工作，最重要的目的之一就是获取生活的资本，如果没钱，我们寸步难行。金钱在我们的生活中如此重要，更需要我们学会赚钱的方法。而如何在激烈的商业竞争中定位方向、赚到财富，是现代社会人们常常探讨的话题。

比如，刚进入营销行业的菜鸟们，对于市场一片茫然，不知如何挖掘客户、定位产品，业绩一塌糊涂；刚毕业的大学生一直找不到对口的工作，想创业又不知道从何下手，不知未来前途在何方；在企业最底层工作的工薪阶层们，每个月只有固定的几千元薪水，到处是花销，想投资理财却求助无门……

事实上，生活中有太多的人浑浑噩噩，不知道该如何经营自己的事业，他们业绩垫底、投资亏损、创业失败，他们眼看着银行卡上的钱哗哗溜走，却束手无策……

那么，如何改变甚至逆转这种情况呢？这就涉及"定位"理论了。定位是一种理念、一种思维、一种生活态度，是我们贯穿一生都要践行的理念。只有学会定位，我们才能找到自己的方向，而这也是我们在本书中要探讨和分析的话题。

本书就是专门为处于事业和人生迷茫阶段的人们编写的一本书。它分上下两篇，从经济学的角度入手，结合常见的一些案例，详细阐述了很多有效的营销方法、投资方式、创业智慧，让人们轻松掌握各种定位理论和方法，是一本值得现代人阅读和学习的自我定位的读物。在本书中，读者不仅可以学习到所有成功者的"必经之路"——如何定位自己！还会学到金牌销售、商业大佬、投资高手们多年经验与无数研讨会和讲座相结合的致富策略。最后，希望本书能对广大读者有所帮助。

编著者

2024年2月

目 录

上篇　营销定位

第1章
市场定位，了解市场是实现精准营销的前提

精准的市场调查，是成功营销的前提	005
定位目标市场，才能确定目标客户	009
如何做好网络市场调查	014
如何运用网络引擎搜索客户市场	017
掌握各种年龄段的顾客的消费特征	020
了解男女消费心理的差异	024
市场调查要做好利益与风险评估	027

第2章
营销方案定位，有方法有策略让销售水到渠成

个性化营销，满足客户的需求	035
IP营销，已经成为最持久的营销方式	038
微博营销：让客户随时了解到产品和服务信息	041
分析客户类型，计划应对策略	044

口碑营销：让消费者自动传播公司产品
和服务的良好评价　　　　　　　　　　047
做好顾客与准顾客资料的整理与分类工作　050
制订一套完善的客户跟进方案，保证营销的
完成　　　　　　　　　　　　　　　　054
对客户可能存在的问题进行备案，才能以
不变应万变　　　　　　　　　　　　　058
要多备几套营销方案，多一手准备　　　062

第3章
客户定位，别忽略了你身边这些资源

别忽视名片在定位客户中的重要作用　　　069
让身边人成为助你挖掘新客户的帮手　　　071
巧让客户做宣传，胜过自己叫卖　　　　　075
短信搜罗法，能让客户记住你　　　　　　078
举办公益和慈善活动，以此吸引准客户　　081
各种活动场合，也能找到客户　　　　　　084
二八法则：将主要精力放到关键客户的维护上　087
评估客户购买力，再进行层次与等级区分　091

第4章
对手定位，知己知彼才能在商战中百战不殆

了解同类竞争对手，做到百战百胜　　　　097

锁定竞争对手，巧妙渗透得到客户	101
悉心维护老客户，不给竞争对手可乘之机	104
营销中，诋毁竞争对手是大忌	108
突出产品卖点，才能跑赢竞争对手	111

下篇　财富定位

第5章
人贵自知，正确的致富心态是要先正确定位自己

认识自己，了解自己的性格类型	121
致富，千万不要有不劳而获的心态	124
提高你的情绪管理能力	127
致富路上需要不断完善自己	131
赚到钱了，一定要将财富用在正途上	135

第6章
洞悉富人的致富思维，你也能学会让钱生钱

要做富人，先要有成为富人的强烈愿望	141
要想获得财富的垂青，必须抓住机遇	145
别一味地哭穷，要靠自己的双手致富	148
不但要努力工作，还要学会投资	149

| 懂得变通，才能抓住致富的机会 | 153 |
| 致富机遇来临时，借钱也要发展事业 | 157 |

第7章
财富GPS，明确你可以靠哪种方式赚到钱

找到自己的优势，就找到了致富模式	163
及时止损，致富最忌在错误的领域内耽误时间	167
避开竞争锋芒，挖掘潜藏市场	170
要赚钱先积累人脉，"贵人"助你实现财富快速增长	174
学会共享利益，才能实现合作致富	178

第8章
想要创业？做自己最擅长的事才能坐上成功的直通车

精确定位，判断某行业的发展趋势	185
创业，就是要深耕于自己熟悉的行业	188
创业还是就业：年轻人该如何选择	191
创业需要的不是投机，是实干	195
青年在创业过程中，需要全方位的支持	196
向创业胜利者学习经验，能避免走弯路	199

第9章
投资是天堂还是地狱？取决于你对市场的判断和定位

技术，没有稳赚不赔的投资	205
盲目进入投资市场，只会让你血本无归	208
什么是投资风险	210
投资，需以掌握足够的专业知识为前提	214
投资失败要从自身找原因，不要怀疑市场	217
重视储蓄，它是做任何投资的前提	221
投资中这几类不良心态要不得	226

参考文献	229

上篇
营销定位

第1章

市场定位，了解市场是实现精准营销的前提

现代社会，各行各业竞争尤为激烈，我们要想成功挖掘出客户、成功营销，就必须先进行市场定位。所谓市场定位，就是在开放新市场前，对整个市场进行深入细致的了解和调查研究。否则，哪怕是再有经验的销售人员也难免会迷失方向。市场调查有时就像广袤海面上一盏高照的导航灯，帮助我们寻找前行的方向。当然，市场调查有多种调查途径和方法，我们不妨进行一番整合与运用，进行全面的市场调查，才能在风云变幻的市场环境里准确决策，顺水行舟！

精准的市场调查，是成功营销的前提

孙子兵法曰：知己知彼，百战不殆。在市场营销中，最重要的就是市场调查。青岛啤酒三进济南，为什么前两次均以失败告终？因为没有考虑到济南人的趵突泉情结；当今社会，市场调查已被广泛用于终端消费品领域，它是运用科学的方法，有目的地、系统性地搜集、记录、整理相关市场营销信息和资料，分析市场情况，了解市场的现状及其发展趋势，为市场预测和营销决策提供客观的、正确的资料。

我们都知道，任何产品的销售，都是以市场为基础，以营销战略为导向。营销战略制定的根本是什么？是市场信息。从市场信息的分类来看，内部信息比较容易得到，从企业内销售统计就可以获取。但对于外部信息，需要收集多元化的信息反馈。可见，任何产品的销售，都离不开市场调查。

小田是某智能家居公司的市场营销员。他刚来公司不久，为了锻炼他的营销能力，主管给他划分了一片区域。小田明白，他只有完成这一销售任务，才能在公司站稳脚跟，因为作为销售人员，良好的业绩才是硬道理。

但情况似乎没有小田想象中的那么简单，一个星期下来，小田走遍了这片区域的大街小巷，敲开了很多陌生人的门，但都被无情地拒绝了。为什么呢？小田对此很纳闷儿。

有一次，小田还是和往常一样，敲开了某住户的门。小田向对方介绍了公司的智能家居产品，对方很感兴趣，但一提到价钱，对方很果断地关了门，将小田的激情扑灭了。但小田突然明白了，普普通通的老百姓，谁会花那么多钱买那么贵的产品，只为省事儿呢？

于是，回到公司后，小田和经理探讨了这个问题。最后，小田向经理申请为其再划一片高档住宅区进行销售。另外，针对先前推销过的这片区域，公司决定先进行市场调查，然后再生产出对应价位的产品。

果然，小田在推销时顺利多了。而小田也因此得出了一个结论：磨刀不误砍柴工，在开发客户前一定要进行市场调查。否则，就会像一只无头的苍蝇，找不到销售的突破口。

案例中，销售员小田在进行客户开发时屡遭拒绝，但后来他及时发现了问题的所在：他所负责的这片区域的人们对于这种价格昂贵的智能家居产品没有购买能力。于是，他及时调整了自己的销售计划。而他得出的这一结论——"磨刀不误砍柴工，在开发客户前一定要进行市场调查"也是正确的。

营销战略在现代营销中的重要性已经毋庸置疑，那么，一个好的营销战略，需要哪些方面的信息去支持它？市场调查中又应该调查哪些信息？概括起来，可以定义为以下四个方面的

第1章
市场定位，了解市场是实现精准营销的前提

内容：

1.风土人情

任何产品都处在一个特定的宏观经济环境和自然环境中。在实际营销中，只有审时度势，才能制定出切实可行的营销策略。这里的风土人情包括当地的人文环境、所处地理位置、人口数量、经济水平、消费习惯等。

2.市场状况

这里，我们需要了解的是：

①行业总体供需状况。社会总供给等于社会总需求，但对于特定的行业来说，其供需状况反映了该行业的竞争程度，是企业新品上市、产业介入的重要依据。

②产品的供需结构。特别是对于一些小型企业来讲，需要根据产品的供需结构调整生产决策，集中资源，以小胜大。市场调查的作用就显得尤为重要。

③影响行业供需变化的因素。这是研究整个行业发展变动趋势，进行正确市场预测的重要基础。例如，对于中国纺织市场，国际配额的取消、WTO的深入、纺织关税的进一步降低……将给纺织业带来什么影响？

3.客户状况

通过直接或间接的方式，了解当地经销商的状况，包括竞品经销商及本品潜在经销商。对竞品经销商要了解其市场动态、与厂家合作程度等，对本品潜在经销商要分析其是否具

备作为代理商的标准，即良好的信誉、健全的网络、足够的仓储、雄厚的资金以及合适的人力、运力等。

某某花园城是某市新建成的花园别墅区，每幢价格200万元到1000万元不等。开发商在为这一别墅区做宣传时，经历了如下情况：

在项目刚推出时，为了尽可能多地吸引客户，开发商委托本地一家顶尖的广告公司制作了一辑投资巨大的电视广告片，并且将所有的宣传资料投放到电视、报纸、海报上，并向社会公布某某花园城近期将举办各种大众娱乐活动，包括歌舞表演、相声表演等。

开发商在宣传上所花费的巨大投资着实取得了效果，前来某某花园城的人，每日都络绎不绝，每趟看楼车扶老携幼地挤满了人。

在某某花园城售楼部中，每日都人声鼎沸，就连开发商也没有想到会吸引来如此巨大的人潮，所以不得不加派几十个人手前来应付，场面有些失控。一些自驾车前来的客户，看到如此混乱的场面，皱着眉头离开了。

很快，几天过去了，混乱的场面也结束了。工作人员拖着疲惫的身体清理完一地狼藉之后，关上门清算这七天的收获：一共成交了不足十套别墅。

几百万的广告费外加几十万的歌舞表演、场地搭建、人员成本、车辆成本，最后仅仅带来不足十套的成交量？每日数以

第1章 市场定位，了解市场是实现精准营销的前提

千计的熙熙攘攘而来的客户，为什么熙熙攘攘地走了，什么也没有留下？难道这些花巨资吸引来的客户都是无效客户？

经过仔细分析，工作人员发现某某花园城营销失败的最根本原因，是开发商没有对目标市场进行准确细分，将营销的"摊儿"铺得太大，使许多纯粹游玩性质的无效客户也掺杂其中，浪费了大量的营销资源，也让真正的客户因为场面杂乱而失去继续了解的兴趣。

这一失败的营销案例告诉我们，在进行市场推广之前，首先要明确自己的目标群体是哪个阶层的哪个群体，然后再选择恰当的营销媒体和方式，避免盲目地营销投入，使营销费用的有效率尽可能达到最高。

总之，在营销中，只有通过对市场、客户状况进行调查，掌握客户一手资料，才能确定潜在目标客户群。在寻找潜在客户的方式上，可采用"由下而上，追根溯源"法，由于此方法直接得到，且来自一线，因此，更便于把握事实真相，找到合适的客户。

定位目标市场，才能确定目标客户

在营销中，我们都希望能拥有更多的准客户，毕竟准客户越多，产品的销售量就越大，销售总额也就上去了。但实际

上，这仅仅是我们的美好愿望而已。市场很大，潜在客户很多，但我们最先要做的就是从那些看似繁多的潜在机会旁走开，不要看花了眼，然后对目标市场进行定位，确定你的目标客户。对客户的定位不准确，目标消费群体不明确，成功机会就很小。人们常说，"选择不对，努力白费"，说的就是这个道理。对于刚刚接触推销工作的销售人员，有80%的失败是来自对"消费群体"的定位不准和对潜在客户的搜索不到位。

凯瑟琳是一位咨询师，她在自己的行业里做了十多年，可谓经验丰富，但是她的业绩并不好。

在工作中，无论接待的是大公司还是小公司，她都尽心服务，并且把大部分时间都花在后者身上。这就使她无法专心做好大公司的工作，也无法与那些大客户建立起长期稳定的合作关系。当她的朋友问她怎么会出现如此糟糕的情况时，她是这样回答的：

"大公司或小公司，乃至他们所属的行业其实都不重要，我曾经与本市的房地产公司、保险公司和专业服务公司等不同行业的客户合作过。我能够帮助这些公司建立团队，为公司员工进行个人职业生涯规划，签署市场担保和进行销售培训等，有时我甚至直接培训主管……"

她的朋友听完后，才明白，原来凯瑟琳是眉毛胡子一把抓，只要有服务的机会，只要有报酬，她都会去做。

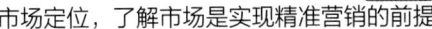

第1章 市场定位，了解市场是实现精准营销的前提

于是，她的朋友告诉她："但是你想过没，那些大公司有数不尽的服务商可供选择，所以他们可以细细地挑选出真正专注于他们业务的专家来合作，而不会在不了解详情却只想赚取佣金的人身上浪费时间。时间对于公司决策者来说是最宝贵的，所以他希望能迅速地确定服务商的服务或产品是否合适。如果确实合适，才会继续下一步合作，否则便不予考虑。这就是要事先确定客户的另一个原因了。事实上，当你明白我们要对客户有所选择时，你就大体上形成了自己的产品价值主张。如果你的价值主张定位准确，点到了客户的心坎里，那你的客户甚至会反过来迫不及待地希望和你合作。"

听完这些，凯瑟琳才恍然大悟。

这则案例中，咨询师凯瑟琳虽然从事这行多年，但始终不能与一些大客户建立起长期稳定的合作关系，这是因为她没有对客户进行选择，而是希望抓住所有机会。很明显，这样做是不明智的。这样眉毛胡子一把抓，到头来是"捡了芝麻，丢了西瓜"，在朋友的提点下，她才发现了自己的失误。

在营销中，我们也要吸取她的教训，在开始营销前，也要对目标市场和客户进行准确地定位。具体来说，我们不妨做到：

1.定位目标市场

（1）按消费者的特征把整个潜在市场细分成若干部分

市场细分一般是以消费者的不同需求和诉求为独立个体，

从而进行划分的。通常分析的消费者特征包括年龄、性别、教育程度、收入水平、生活习惯等因素。企业可以根据消费者的特点，将市场划分成受众群体，这样可以更加具有针对性地对目标客户群体进行产品推广、营销体系以及服务优化等多层面的活动。市场细分的目的在于帮助企业更加有效地定位目标市场，为其合理地分配营销资源，获取最大收益做准备。

（2）企业选定作为其营销对象的消费者群体

因为企业生产的产品有限，而消费者的需求无限，因此，企业只能在市场细分的基础上，选择部分消费者群体作为目标。

选择的基本要求是：组成细分市场的消费者群体具有类似的消费特性；细分市场尚未被竞争者控制、垄断，企业能够占领市场。

（3）满足某一部分人的需求

举个很简单的例子，轮椅是专门为行走不便的人生产的，羽绒服是为在寒冷地带生活的人生产的。对于一个广告产品来说，这一部分人便是它的目标市场。

2.圈定适合的客户群

每一个客户都是你的潜在客户，但是只有那些准客户才有条件购买你的产品。因此，你必须确定哪些潜在客户将成为你的目标客户，这样你才有可能实现既定的销售目标。

（1）逐户拜访

逐户拜访是最常见的寻找客户的方法之一。因为客户往往不会主动上门索取产品,所以销售员主动出击是很明智的选择。在拜访之前,销售员一定要对客户的信息有准确的把握,这样才能有的放矢,才能投其所好,从而更好地吸引他们。

(2)介绍寻找

业务员可以通过他人的直接介绍或者提供的信息寻找顾客,可以通过自己的熟人、朋友等社会关系,也可以通过企业的合作伙伴、客户等。介绍的主要方式有电话介绍、口头介绍、信函介绍、名片介绍等。

(3)电话寻找

电话寻找颇有难度,需要让对方觉得有必要见你一面,或让准客户对你的拜访感到有兴趣。电话拜访时要有自信,语调平稳,口齿清晰,用字贴切,理由充分。声音清晰悦耳、吐字清脆,会给对方留下一个好印象。

电话寻找,重点在于"话",所以销售员要在"话"上多下功夫。

(4)个人观察

个人观察是指销售员自己通过对周围环境的分析和判断来寻找客户。这是一种比较古老的方法,也是一种基本的方法。用这种方法寻找目标客户,销售员的职业素质和观察能力就显得尤为重要。

(5)会展寻找

国际国内每年都有不少交易会,如广交会、高交会、中小企业博览会等,所以,销售员要充分利用交易会寻找客户、联络感情、沟通了解。

可见,寻找客户不是简单地找到一堆客户名称、电话、地址、联系人,更需要充分了解行业的状况与动态,从而能够根据客户的状况变化,发现商机,适时地做出适当的公关活动与媒介推荐,取得更好的业绩。

如何做好网络市场调查

在信息时代的今天,网络是最快捷、最直接、最有效的工具之一。在市场营销中,我们也要重视网络销售,因为网络营销是伴随信息技术的发展而发展的。目前,信息技术的发展,特别是通信技术的发展,促使互联网络形成一个辐射面更广、交互性更强的新型媒体,它不再局限于传统的广播电视等媒体的单向性传播,而且可以与媒体的接受者进行实时的交互式沟通和联系。网络营销的效益是使用网络人数的平方。随着入网用户指数增加,网络的效益也随之以更大的指数倍数增加。因此,如何在潜力如此巨大的市场上开展网络营销、占领新兴市场,对企业来说既是机遇又是挑战,因为网络市场发展速度非常迅猛,机会稍纵即逝。

网络市场调查已经成为现代企业和销售人员在开发市场的

过程中所使用的主要调查方式之一。这是对市场和商情的准确把握，是现代商战中对市场态势和竞争对手情况的一种电子侦察。通过在线调查或者电子调查表等工具，不仅可以节省线下调研所需的大量人力、物力与实施时间，而且可以在线生成网上市场调研的分析报告、趋势分析图表等。其效率之高、成本之低、节奏之快、范围之大，是传统调查方式所不及的。这就为广大商家提供了市场快速反应能力，为企业的科学决策奠定了坚实的基础。

那么，如何做好网络市场调查呢？具体来说，我们需要做到：

1.实施一些诱导措施

在网络营销中，搜集与挖掘用户数据具有重要的商业价值。但要成功实施在线用户数据搜集，需要多种诱导措施，比如，许可邮件营销、有奖调查、价格优惠调查等，并且需要对这种调查采用报道、发帖、邮件、明确通告等多种形式予以推广，才可能聚合一定数量的接受调查的用户，以获取第一手有效数据。

2.对潜在客户进行以互动与自动化为核心的关系管理

在网络市场调查中，通过对潜在客户的关系管理，能了解他们的需求以及对现有购买状况的意见，提升客户资源的整体价值，并帮助企业有序地监控订单的执行过程，同时有助于避免销售隔阂，帮助企业调整营销策略。收集、整理、分析客户反馈信息，可以有效支持企业管理层的决策行为，帮助提升企业的核心竞争能力。

3.建立企业的网络品牌，区别于或不落后于竞争者

目前，各行业、各领域的竞争越来越激烈，我们除了要在现实销售中与竞争对手"真刀真枪"地进行"对决"，还要在网络宣传上做到位。要知道，掌握更多有效的、新的市场占领工具，对于中小企业突围无益于增添一"翼"。

4.让网络中的潜在客户了解到你的产品

网络市场调查由于依托互联网展开，非常利于拉近与客户之间的距离，方便让使用互联网的潜在用户找到自己，并通过完整的自主门户让用户清晰地了解企业能够提供的产品的类型、质量、技术参数、价格以及企业的信誉、历史、简介、客户案例等。

正所谓"谋定而后动""凡事预则立，不预则废"，新市场开拓亦是如此。每开发一个新市场，必须有明确的思路和战术细节。以前，大多数业务人员在进行市场拓展与客户洽谈时，一般采用打电话、发传真、邮寄资料、陌拜等方式。而引入网络营销后，邮件群发、短信群发、社区发帖、媒体报道、博客写作、电子杂志广告等多种手段对客户开发将起到显著的推动作用。如果能组合应用，统筹于某种品牌、事件、话题之下，其产生的效应将被进一步放大。

第1章
市场定位，了解市场是实现精准营销的前提

如何运用网络引擎搜索客户市场

现代社会，网络的发展为人们的生活带来了极大的便利，也为市场营销这一行业提供了源源不断的信息。可以说，网络是最便捷的宣传渠道。我们不仅可以通过网络把客户筛选出来，还可以通过网络了解更多的客户信息，比如，客户的产品、经营状况、财务状况。另外，网络上的很多资源是免费的，而且一年365天都可以提供服务。网络的成本比较低，效果却是不容忽视的。网络从诞生起，就成为许多网络精英获取财富的一个极其实用的手段。因此，在营销中，要想搜罗客户市场，我们便可利用好网络这个庞大的资源。

防护用品外贸专员小刘最近遇到了比较头疼的事——无法定位海外目标市场。并且，她知道，在接下来的工作中，她需要花费大量的时间和精力来寻找客户，而不能集中精力与客户进行沟通和交流。而在多年的外贸工作中，她发现：最后的成功很大程度上要归功于获取客户信息的专业性，因为丰富的海外客户信息无疑是成功开拓国际市场的起点。这可难倒小刘了，她从小生活在国内，哪里知道海外市场的客户信息呢？正头疼之际，一个偶然的机会，她找到了解决问题的途径。

这天，她休息，无聊的她来找自己的朋友，朋友家是做网店的，这些天雇了一个店员。

"最近生意怎么样？"小刘问。

"挺好的，有点儿忙，不然也不会雇人。告诉你，我的生意居然走出国门了，很多国外的朋友也很看好我店里的衣服，今天就拍了好几件呢。"

"是吗？真不错，我最近就头疼了呀！"

"怎么了？"

"还不是寻找海外市场和客户的事。你说，我们老板真是高估我的实力，我们这些业务人员哪有这能耐。"

"嗨，原来是这事呀，很简单嘛，现在网络这么发达，你为什么不通过网络搜索呢？"

"对呀，我怎么忘了这一点哪。可是，我不知道怎么搜索呀，你经常泡在网上，估计有点儿经验吧？"

"那当然……"

于是，朋友便有模有样地教起了小刘来。

案例中的外贸专员小刘的苦恼之所以得到顺利解决，得益于她朋友的帮助。的确，在寻找潜在客户的方法中，网络搜索是最常用的，也是最简单、最方便的，更是获取信息量最大的一种方法。而对于新入行的营销人员来说，在没有其他资源可利用的情况下，网上找客户是他们开始的最好选择。

为此，我们可以通过以下方法充分利用网络资源。

方法一：在网站上注册并发布自己公司、产品的信息，并定时更新。

方法二：运用有名的搜索引擎进行搜索，并且要注意选择适合的搜索关键词。

先通过一些商业网站去搜索一些你客户的资料，或通过大型的搜索引擎用关键词搜索。不要固定用一个搜索引擎，同样的关键词，在不同的搜索引擎搜就有不同的结果。这里，我们可以采用这些搜索方法：

①关键词搜索法。每个行业几乎都有行业网站，可以用关键词搜索。诸如某某专业网、某某行业协会、展会商会的网站等。找到了，一般就会在这些网上看到会员列表。另外，在这些专业网站和行业协会网站上还有很多相关链接，也很有用。

②产品名称搜索法。可以输入关键字：产品名称+关联产品名称。这样的搜索结果往往是一些目标客户网站和行业网站。

③买家搜索法。可以输入关键字：产品名称+你的行业里面著名买家的公司简称或者全称。这种方法可以帮助你找到行业市场的情况，并能在相关的网站中找到其他买家的名字。

④寻找有链接到大客户网站的网页。即用Google查找大客户网站的链入网页。无论是什么情况，链入网页很可能是个比较专业的网页，考虑到该网页可能同时包含其他潜在客户，所以非常值得关注。

⑤寻找有引用客户网址的网页。方法同上，只是查找的是引用客户网址的页面，而不是链入页面。

3.搜索竞争对手

竞争对手的网页上往往会展示他们的成绩，这无疑为你提供了一个认识更多客户的机会。

当然，利用网上定位的客户市场甚至找到的客户，往往因为在寻找的过程中很难对客户做出有效的评估，很难判断这个客户是否属于潜在客户群，很难判断该客户是否就是决策人。因此，我们在网上寻找后，还要进行大量的确认工作，这也正体现了寻找客户源这一工作的艰辛！

掌握各种年龄段的顾客的消费特征

从事营销工作，我们都知道，成功达成购买协议的前提是顾客有购买意向，对产品有需求。如果没有购买意向，无论销售者如何费尽心机地劝说，都不可能达到让其购买的目的。当然，客户的购买意向与需求，是可以从无到有的，只要销售员能做好说服工作，激发客户的购买欲望，那么，就能让客户完成购买。但我们每天的客户群体并不是单一的，其中，不同年龄段的顾客，消费心理与特点都是不同的，在推销过程中，我们只有看碟下菜，才能对症下药，激发他们的购买欲。

一天，一位女士带着自己三四岁大的女儿来到商场，准备为孩子买件衣服。

进店不久，女士就看中了一件粉色的连衣裙，准备给女

第1章
市场定位，了解市场是实现精准营销的前提

儿试穿，但女儿不知道为什么，一直吵着要离开，根本不愿意试穿。

销售员："太太，这条裙子非常适合这小姑娘，是今年最火的女童夏装呢。有很多家长带孩子来买。"

顾客："你看我们家这孩子，真是不听话，一直非要拽着我走。估计她不喜欢吧。"

这时，销售员走过来对小女孩说："宝贝乖，长得真漂亮。来，阿姨给你一颗糖吃，看镜子里是谁在调皮呀？"听销售员这么说，小女孩一下子安静下来了，然后她接过销售员的糖吃了起来。

接着，销售员又说："乖宝贝，你穿上这件衣服一定很漂亮，我们来试试好不好？"销售员的话奏效了，小女孩一边吃着糖，一边试衣服，很开心地笑着。

最后，这位女士买下了裙子。

案例中的这位女士是位中年人，从她身上，我们看到了很多中年人的生活场景，他们上有老下有小，有时候购买产品是为家人购买，他们最关心的也是家人。案例中，面对顾客的孩子不愿试穿商品，销售员并没有应承顾客的话："是呀，您家孩子太不听话了。"因为任何父母都有同一个心理：希望孩子得到他人的肯定，孩子固然不听话，但只能自己教训，而不能被他人评价。因此，这位销售员是这样称呼小女孩的："乖宝贝"这样赞扬顾客的孩子，无论是顾客还是孩子，都会获得身心的愉悦，而且，孩子高兴了，顾客也就毫不犹豫地选择购买了。

的确，客户年龄不同，就有不同的消费特点。总体来说，我们可以根据年龄特点对客户做出以下归纳，并拟定一些销售策略：

1.青年的消费特征及销售策略

青年阶段是人生中最富有创造性和追求独立性的阶段。在中国，目前大约有三亿青年消费者，约占全国总人口的四分之一。青年消费者，通常具有这样几点消费特征：

①市场潜力大，消费能力很强。

②自我意识强烈，消费时很具有时代感，不愿意落伍。

③消费行为易于冲动，富有情感性。

比如，我们发现，一些青年人在购物的时候，会很关注产品的款式、颜色、包装等，这些要素甚至在某种程度上决定了他们是否购买该产品。

另外，青年消费者的消费兴趣具有很大的随机性和波动性，一会儿喜欢这种商品，一会儿又喜欢另外一种。

因此，在劝说青年人购买的时候，我们可以多强调商品的个性化特点，比如，我们可以这样说："看得出来，小姐是个注重时尚和品位的人，如果您穿上这双高跟鞋，一定会有很多人成为您的粉丝，掀起一阵时尚流。"

2.中年人的消费特征及销售策略

一般来说，中年人在消费时比青年人要理智、稳重、有所

第1章 市场定位，了解市场是实现精准营销的前提

节制，因为他们知道金钱来之不易。另外，他们一般都是家庭的经济支柱，身上肩负家庭的重任，他们更懂得储蓄。他们的消费特点如下：

①消费时多是理性的、计划性的，而不是情绪性的、冲动性的。

②消费时会综合考虑各方面的因素，更注重商品的实用性和性价比，而不是像青年人那样注重产品的包装、颜色、款式等。

③注重商品使用的便利性，倾向于购买能减少家务劳动时间或提高工作效率的产品。

④不盲目追赶潮流，对新产品缺乏足够的热情。

⑤消费需求稳定而集中，自我消费呈压抑状态。

因此，在劝说中年人购买的时候，我们要尽量从产品自身出发，多介绍产品能给他们带来的益处，必要之时可以为他们介绍购买的成本，让其觉得产品质优价廉。

3.老年人的消费行为特征及销售策略

一般来说，老年人的消费内容主要集中在饮食、医疗保健和文化娱乐方面，消费习惯比较确定，对产品的品牌忠实程度很高。

因此，在劝老年顾客购买时，我们最好可以将产品的性能与其健康、饮食、医疗、娱乐等方面联系起来，另外，还要强调产品的安全性和实用性，尽量让他们放心购买。

定位思维

以上关于不同年龄段人群的消费特点和习惯的总结，相信能在我们激发客户购买欲望的过程中起到帮助作用！

了解男女消费心理的差异

毕业后的小刘在一家卖场工作，经理将她安排到了卖场营业部主任的手下做事，小刘知道这是锻炼自己的一个好机会。

五一那天，卖场很多人，因为卖场正趁此机会在做活动，服装、食品、家居用品都在打折、促销。上午，主管跟小刘一起来到卖场查看销售情况。

"真不错，每年的节假日就是女性朋友们购物的旺季。"主管随口一提。

"为什么这么说呢？"小刘好奇地问。

"你可以看看，在抢购的那些人群中，有多少是男性？微乎其微吧。"主管说。小刘一看，还真是如此。她诧异地问："那为什么会这样呢？"

"因为男性和女性的消费心理不同，消费习惯和行为也就不同了……"

的确，我们发现，在抢购和促销这些营销模式中，参与者大多是女性，即便有男性，他们也不会过多地挑选和比较，这都是因为男女消费心理不同。

第1章 市场定位，了解市场是实现精准营销的前提

那么，具体来说，男女的消费心理有什么区别呢？

1.女性的消费心理

在现代社会，谁抓住了女性的消费心理，谁就抓住了赚钱的机会。要想快速赚钱，就应该将目光瞄准女性的口袋。在市场销售中，商家应当充分重视女性消费者的重要性，挖掘女性消费市场。女性消费者一般具有以下消费心理：

（1）爱美、追求时尚

俗话说，"爱美之心，人皆有之"，这一点在女性客户身上尤为明显。无论女性的年纪多大，她们都希望自己能更美丽一些，能充分展现自己的女性魅力。尽管不同年龄段的女性具有不同的消费心理，但是她们在购买某种商品时，通常首先想到的是产品能不能让自己的形象更美。例如，她们往往喜欢造型别致新颖、包装华丽、气味芬芳的商品。

（2）更注重产品外观

女性消费者还非常注重商品的外观，将外观与商品的质量、价格当成同样重要的因素来看待。因此，在挑选商品时，她们会非常注重商品的色彩、样式。

（3）有强烈的情感特征，购买行为容易受同伴影响

女性一般具有比较强烈的情感特征，这种心理特征表现在商品消费中，主要是用情感支配购买动机和购买行为。同时，她们经常受到同伴的影响，喜欢购买和同伴一样的东西。

（4）追求与众不同，有炫耀心理

消费心理学指出，许多女性消费者之所以购买商品，除了满足基本需要之外，还有可能是为了显示自己的社会地位，向别人炫耀自己的与众不同。

2.男性的消费心理

（1）理智、自信，购买产品时迅速、果断

男性的个性特点与女性的主要区别就是具有较强的理智性、自信性。

男性在购物时，动机形成果断迅速，并经常会立即决定购买，即便是在购买动机矛盾的情况下，也能果断处理。在具体的购买活动中，他们不会像一些女性一样"斤斤计较"，购买商品也只是询问大概情况，对某些细节不予追究，也不喜欢花较多的时间去比较、挑选，即使买到稍有毛病的商品，只要无关大局，也不去计较。

（2）购买动机具有被动性

就普遍意义讲，男性的购买活动远不如女性频繁，购买动机也不如女性强烈，比较被动。在许多情况下，购买动机的形成往往是由于外界因素，如家里人的嘱咐、同事朋友的委托、工作的需要等，动机的主动性、灵活性都比较差。我们常常看到这种情况，许多男性顾客在购买商品时，事先记好所要购买的商品品名、式样、规格等，如果商品符合他们的要求，则采取购买行动，否则，就放弃购买。

（3）购买动机感情色彩比较淡薄

男性消费者在购买活动中心境的变化不如女性强烈，不喜欢联想、幻想，相应地，感情色彩也比较淡薄。所以，当动机形成后，稳定性较好，其购买行为也比较有规律。即使出现冲动性购买，也往往自信决策准确，很少反悔退货。心理医师指出，男性消费者的审美观同女性有明显的差别，这对他们动机的形成也有很大影响。比如，男性的特征是粗犷有力，因此，他们在购买商品时，往往对具有明显男性特征的商品感兴趣，如烟、酒、服装等。

总之，了解男女性不同的消费需求，能让我们在销售活动中针对不同的产品制定出不同的营销策略，以争取获得最多的客户群体。

市场调查要做好利益与风险评估

任何一个企业包括营销人员，在任何一种新产品产出后，都必须面临开拓市场的问题，同时，新市场开发的成效与质量的好坏，对一个企业的成长及营销人员的个人提升至关重要。对于那些销售新手来说，客户开发的多少与好坏更是衡量他们个人能力的唯一标准，由此可见，新市场和新客户开发的重要性。但正因为如此，作为销售人员，在开发客户的过程中，我们更需要规避一些市场风险，做好利益与风险分析。

实际上，现代社会，从政府部门到商业企业，从公众人物到平凡百姓，任何组织与个人都无法回避机遇带来的风险。如何为企业将风险降到最低，是一个销售人员在开发新客户和新市场过程中不可避免的挑战之一。

小徐在一家纺织品公司从事营销工作。最近，他听到一个好消息，某外商要高价购买一批质量上乘的布料。于是，他把这件事情告诉了销售主管，主管一听很高兴，并决定将这件事交给小徐处理。

小徐虽然和很多年轻人一样，平时大大咧咧，但工作的时候，还是很严肃正经的。他并没有急着和这位外商接洽，而是按兵不动，通过各种渠道了解这位外商。他惊奇地发现，这位外商好像有点儿问题，在个人信誉上好像不是很好。为了更清楚地摸清这笔买卖的风险性，他和这位外商见了一面。在交谈过程中，聪明的小徐发现，这个所谓的外商似乎很急于和自己成交，这就更加验证了小徐的顾虑。

回到公司后，小徐把自己的想法告诉了主管，主管很赞扬小徐："年轻人心思细腻、考虑周全，不错！"最终，他们商量，放弃这笔生意。

结果，正如小徐所料，不到一个星期，行业内传来一个消息：自己的竞争对手被这位外商骗了，付了首笔款项的外商竟然无故失踪了。

案例中，销售员小徐的做法是正确的，做生意，一定要尽量规避风险，不能做亏本买卖，也不能让企业蒙受损失。古人云：凡事预则立，不预则废。演绎过来就是不打无准备之仗。因此，要想成功开发新市场，仅仅具备良好的心理素质是不够的，还要做些充分的"战前"准备。

那么，作为一个营销人员，应该如何为企业减少风险、赚取最大利润呢？

1.市场调研资料要准备充分

在现实销售中，不乏这样的销售人员，他们满怀信心地准备向客户推销，但一旦客户问起相关系列产品的价格、性能，销售员竟然忘记了。更有甚者，他们竟然拿出相关记录簿，着实让客户失望。很难想象，这样的营销人员能够成功开发新市场。

因此，为了避免出这样的"洋相"，销售人员在开发新市场之前，一定要做足资料准备工作，其中包括公司的发展历史、产业结构、产品价格、营销政策等，并带齐所需的资料、名片、样品等，并要熟记在心，知道什么时候该进行哪一项工作。这样做，最重要的是能帮助我们更好地面对开发市场的过程中遇到的各种问题。

2.综合运用多种市场调查方法

调查方式有很多，主要有以下几种：

①专业刊物、杂志。一般来说，每个行业都有其比较专

业、权威、时事性强的杂志和刊物。可以说，这些杂志和刊物会在第一时间内刊载这个行业内的最新动态，比如，国家相关的法律法规、行业规定以及业内近期比较有影响的大事件等。对其作用，营销人员不可小觑。

②行业专业网站、客户或竞争对手企业网站等。在信息化的今天，网络已经成为最快捷、最直接、最有效的工具之一。

③行业展会。这是一种面对面与客户沟通的机会。这种调查方法，能帮助营销人员搜集到最真实的客户资料和信息，而对于竞争对手，同样也能获得某些了解。

④问卷调查。这种调查方式更适合于某些工业品的调查，特别是在对交易市场调查中，通过问卷我们可以非常容易地了解到市场中的经销商、客户构成、交易量大小等信息。同时，通过专业媒体也可以做问卷调查。

⑤专家访谈。通过对企业高层、院系教授等业内专业人士的访谈，可以及时了解到业内的一些前沿信息，甚至个别主要竞争对手的详细信息。

⑥企业内部销售人员的搜集。通过内部市场一线人员搜集的信息可能更准确、更全面。

⑦其他形式。如电话访谈、向专业的市场调查公司购买资料等。

另外，我们还应重点做以下几方面的调查：

第一，资信调查，也就是调查潜在客户的信用等级；

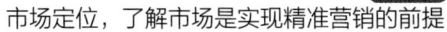

第二，盈利能力调查，主要调查准客户最近三年的利税额、销售利润率等一些财务指标；

第三，抗风险能力调查，主要调查准客户抵御风险的能力，比如，对"速动比率""资产负债率"等指标的调查；

第四，发展趋势调查，主要是了解准客户近期是否会扩大生产规模，是否会上新的设备，是否会转产等。这些都是我们判断合作风险、合作范围和合作深度的重要依据。

要知道，没有经历过危机考验的企业，不算是真正成功的企业，而没有危机意识的销售员，更不能成为优秀的销售员。成功开发新市场是营销人员的天职，但做好利益与风险分析更是一个销售人员的职责。我们只有整合多种调查途径和方法，进行全面的市场调查，才能在风云变幻的市场环境里正确决策。

第2章

营销方案定位,有方法有策略让销售水到渠成

生活中，我们都知道"凡事预则立，不预则废"的道理，我们做营销，也不能打无准备之战。同时，营销人员真正和客户面对面的时间是非常有限的，即使您有时间，客户也不会有太多的时间，实际上，营销工作的大多数时间也都是用在准备工作上。做好准备工作、制定营销方案，能让您在销售前了解客户的状况，帮助您迅速掌握销售重点，节约您宝贵的时间，使您制订出可行、有效的销售计划！

个性化营销，满足客户的需求

现代社会，随着物质水平的极大提高，人们在挑选商品时，越来越关注自己的个性化需求，为此，个性化营销也应运而生。所谓个性化营销，指的是一种以顾客价值为导向的、注重于"营"的一种营销方式。它是指营销机构所有第一线与顾客接触的服务人员，能以经营者的身份代表企业与顾客一对一地沟通，创造性地向顾客提供能满足他们个性化价值需求的服务，并向顾客贡献附加价值，从而赢得顾客地反复光顾，并通过顾客的口碑传播，让更多的顾客光临，为企业增加营业收入，实现企业的价值增值的过程。

不得不说，在当今宣扬个性的年代，个性化的营销、个性化的生产能力等日益成为企业生存发展的核心能力，营销特征全面转向个性化，企业需要在顾客的个性化需求和规模效益之间找到最佳契合点。为此，企业可采用下列策略来实现对自己商品或服务的个性化营销：

1.树立个性化营销的观念

无论是企业还是营销人员本身，都要有个性化营销的观念。对于企业来说，需要对全体员工进行培训，让全体员工明白顾客的重要性，鼓励每位员工同顾客进行广泛的沟通、交流，了解顾客的个性需求。只有从思想上意识到顾客的重要性，才能更好地进行个性化营销，这是第一步。

2.细分客户，不同的客户运用不同的营销策略

个性化营销需要营销员不断完善对顾客形象的描述，在此基础上对顾客进行细分，根据顾客的不同价值观念，采取不同的营销策略，以便有针对性地开展销售活动。顾客资料库的建立、管理和应用对个性化营销意义非凡。

经验证明，高质量的客户数据管理能力是企业采取差异化营销以区别对待不同客户的基础。运营多年的企业往往拥有比较完备的销售数据和交易数据，如交易时间、交易次数、交易金额等，但是进行客户认知所需的信息并不仅仅是交易数据。

事实上，除了交易数据，如人口统计数据、行为心理数据等能够洞察客户行为和价值的客户信息，对于分析和识别客户的行为和价值也至关重要。也就是说，个性化营销要求企业必须从每一个接触层面、每一条能利用的沟通渠道、每一个活动场所、企业的每一个部门及其他企业收集来的资料中去认识和了解每一位特定的顾客，而且，企业要采取一切可以采取的手段，方便顾客的信息反馈。

对于顾客的数据库，需要进行动态更新。随着客观环境和顾客生命周期的改变，企业的顾客数据库也应该随之进行改变。

此外，收集客户信息只是进行客户关系管理的第一步，如何从已有的客户数据中挖掘需要的信息，从而确定营销策略，才是最关键的。正确分析客户的方法是什么呢？应当由营销部门和服务部门来主导客户分析能力的建设过程，营销和服务部门需要客户分析的结论来支撑营销和服务策略的执行。

值得注意的是，分析客户数据的能力并不仅仅是掌握数据库技术和统计技术，而是客户策略主导的业务应用。分析客户是通过对客户信息的理解，应用适应性建模技术，通过动态的行为和价值分析，识别客户的行为、价值和需求，从而为采取差异化的营销与服务策略区别对待不同的客户群提供支撑，并帮助企业建立起实时的业务和客户洞察力。

3.顾客差别化

个性化营销较之传统目标市场营销而言，已由注重商品差别化转向注重顾客差别化。

从广义上理解，顾客差别化主要体现在两个方面：

一是不同的顾客代表不同的价值水平；二是不同的顾客有不同的需求。因此，在充分掌握顾客的信息资料并分析顾客价值的前提下，合理区分顾客之间的差别是重要的工作内容。

其作用表现在：一是可以使企业的个性化营销有的放矢，集中有限的企业资源从最有价值的顾客那里获得最大的收益；二是可以使企业根据已有的顾客信息，重新设计生产行为，从而对顾客的价值需求做出及时的反应；三是企业对现有顾客资源库进行一定程度差别化分析，将有助于企业在特定的经营环境下制定合适的经营战略。

IP营销，已经成为最持久的营销方式

互联网界的IP可以理解为所有成名文创（文学、影视、动漫、游戏等）作品的统称。IP突然闯进我们的生活，并和我们最关心的商业经济高度相关。有专家认为，IP经济就是粉丝经济，其核心是通过粉丝来进行商业变现。它的商业模式即是在获取具备大量粉丝群体的大热IP后，对其进行系列改编，快速跨界进入影视、动漫、游戏、周边等不同领域，然后依靠同IP源下不同产品吸引粉丝购买，进行变现。IP经济背后是巨大的商业价值，也是BAT三大巨头近年来布局泛娱乐行业的核心原因。

提到IP，就不得不提营销。事件营销、借势营销、自黑营销这三种是大家常见的短期营销方式，营销方法短期，营销效果便也是短期性的。那么，什么样的营销方法是长久的，可持续操作的呢？答案就是——IP营销！

那么，在营销思维里，什么叫作IP？

其实很简单，就是看它是否有强大的影响力、吸引力，不受平台大小影响束缚，并能够在多个平台获得流量与实现分发

（商业化）。接下来，我们从以下几个方面谈谈IP营销：

1.自媒体时代下的IP之争

自互联网各门户网站将流量分配权下放至自媒体后，单个自媒体人的IP之争就燃起熊熊战火。IP之争在早期其实就是内容之争，自媒体人将生产出来的优质内容分发至各个平台，如今日头条、搜狐、网易等平台来获得流量，提高影响力，并最终形成IP。

举个例子：A在各平台进行内容输出两年后，不想在各平台发稿了，他要自己做个平台。这时候，流量如若能跟着他一起来到A自己的平台网站，那么，A就成功把自己变成了IP。

2.一场粉丝的争夺战

要避免单平台打造IP，除非你在平台内部有关系。因为在做大IP的过程中，会遇到这样或那样的问题，如果有哪一天不注意违反了平台的相关规定，或是其他原因，号被封了的话，就十分可惜了。

想做成自媒体中的"IP"，独特内容是关键中的关键。内容不仅要优质，还要避免同质化。原创输出内容是基本，输出的形式与性格，需要自媒体自己去塑造。说到底，自媒体IP之争在前期也就是粉丝之争，粉丝可以每天为自媒体带来最稳定的流量，同样地，粉丝也可以为自媒体去扩展新的流量。比如：

一个粉丝可以影响身边6人，这6人又可以去影响36人，以此类推下去，一个粉丝为自媒体带来的价值是无限的。同样的，如果10个粉丝，100个粉丝为了你去影响其他人呢？

其实，"1"这个数值有时候要远大于"1"本身。

3.IP的最终目的是以人为中心的商业策略

自媒体在打造IP的过程中，要注意抓住粉丝的心，让粉丝不用自媒体去调动，而自觉帮你进行内容扩展，或者叫非平台形式的内容分发。那么，如何抓住粉丝的心呢？

4.可持续地进行内容输出

可持续的内容输出，意味着可持续的价值观输出、性格输出、观念输出，更意味着可持续的粉丝导入。可持续的粉丝导入的数值如果够大，这就证明优质内容得到用户的认可。但普通用户转为忠实粉丝需要一个过程，你要抓住普通用户的心。

5.感情的建立

这条感情的纽带就是内容，内容的核心是价值，价值需要时间来不断证明。意思就是用户长时间接受你输出的价值时，感情就顺其自然地建立起来了。当然，线上互动与线下沙龙有条件的可以多举办。

最后，自媒体时代下的IP营销是建立在长时间的内容输出后带来的营销效果，没有早期与后期不间断的输出，自媒体的"IP"只是虚的，就更别谈IP营销了。

可见，移动互联网让我们展现碎片化、多样性、去中心化的精神诉求并自由链接，我们尝试信仰一切自己内心认为"正确"并"痴迷"的人事物,圈层参与者持续地交互影响。最后,这些人事物与我们的精神诉求板结在一起,形成"一部分人"的信仰文化,形成拥有坚固壁垒的高密度圈层图腾,这就是IP。

微博营销:让客户随时了解到产品和服务信息

现代社会,随着网络技术的发展,信息的流通速度越来越快,在这样的信息大环境下,微博应运而生。的确,微博相当于一个小小的自由媒体,销售员可以拥有自己的听众和话语权。

于是,一个新名词产生了——微博营销。微博营销是新推出的一个网络营销方式,所以每一个人都可以注册一个微博,从而跟大家交流,或者讨论大家所感兴趣的话题,这样就可以达到营销的目的,而这样的方式就是新兴推出的微博营销。

在售后服务中,我们也能利用网络宣传产品和服务方面的信息,这一方式,比传统售后服务来得更快捷,传播的范围更广。

小杨是一位很潮的销售员,他的客户也是那些时尚男女。每天来他的公司购买时尚礼品的人很多,而找小杨买礼品的人更是络绎不绝。

为什么小杨的生意那么好?不仅能与客户交朋友,还能有良好的销售业绩？这让小杨的很多同事很是诧异。这时，小杨打开自己的笔记本电脑，登录自己的微博。

"哇，你有这么多的粉丝呀。"同事们都惊呼起来。

"是呀，我每天都会及时更新我的微博，尤其是把公司最新产品和服务情况都分享给我的这些客户，那些第二天来公司购买新礼品的客户，基本上头一天都看过我的微博。通过微博与客户互通信息，既时尚又贴心，你们也可以试试看哪……"

"嗯，我也要向你学习呀，不然，我们真的也落后了……"同事们都应承道。

案例中的礼品销售员小杨，就是通过微博营销来做生意的，那些老客户总是能从他的微博中了解到最新的产品状况和服务。事实上，网络销售最重要的就是人气和信誉，人气和信誉好，就能让客户信任，就能拥有好的销售业绩。

那么，作为销售员，我们该如何通过微博来让客户随时了解到产品和服务信息呢？

这包括以下几个步骤：

1.账号认证

企业微博账号，企业领袖、高管的账号，行业内有影响力人物的账号，要先获得网页认证。获得认证的好处是，形成较权威的良好形象，微博信息可被外部搜索引擎收录，更易于传播。不过，也有一点不好的地方，就是信息的审核可能会更严格。

2.内容发布

微博的内容信息尽量多样化,最好每篇文字都带有图片、视频等多媒体信息,这样具有较好的浏览体验;微博内容尽量包含合适的话题或标签,以利于微博搜索。发布的内容要有价值,例如,提供特价或打折信息、限时内的商品打折活动,可以带来不错的传播效果。

3.内容更新

微博信息每日都进行更新,要有规律地进行更新,每天5~10条信息,一小时内不要连发几条信息,抓住高峰发帖时间更新信息。

4.积极互动

多参与转发和评论,主动搜索行业相关话题,主动去与用户互动。定期举办有奖活动,提供免费奖品鼓励,能够快速地获得粉丝,并增加其忠诚度。

5.标签设置

合理设置标签,新浪微博会推荐有共同标签或共同兴趣的人互相关注。

6.获取高质量的粉丝

不在于你认识什么人,而在于什么人认识你,不在于什么人影响了你,而在于你影响了什么人。关注行业名人或知名机构;善用找朋友功能;提高粉丝的转发率和评论率。发布的内容主题要专一,内容要附带关键字,以利于高质量用户搜索到。

把握以上几个步骤，销售员一定可以与客户做好良好的沟通！

分析客户类型，计划应对策略

古人云："凡事预则立，不预则废"，也就是不打无准备之仗，在市场营销中也是如此。任何人，想要让客户顺利购买产品，都要做好战前准备，拟订计划方案，其中自然免不了对客户的调查分析。作为销售人员，每天都要与不同的潜在客户接触，联系的客户多了，自然能对客户进行分类。而对客户进行分类，也有利于我们更好地掌握客户的情况，方便我们制订出进一步的营销计划，而不至于眉毛胡子一把抓。

事实上，大部分情况下，很多营销人员在推销的过程中，只想着如何把自己的产品推销给客户，这无可厚非，毕竟业绩才是硬道理。但事实上，如果不对客户做足前期的了解工作，那么，便无法了解客户真正需要什么，最终营销失败也就是这个原因。

在营销活动中，很多时候，我们是在扮演这位好心的路人的角色，面对客户，我们认为自己很努力就会有好的结果，却不知道不正确的方法用得越多，只会让客户离我们越远。一

第2章
营销方案定位,有方法有策略让销售水到渠成

个专业的业务员要能敏锐洞察客户在被何种心理驱动,并善加利用。

推销大师乔·吉拉德曾在一次演讲中说道:"很多人早上起床后,糊里糊涂地过一天,不知道生活的目的是什么。还有人总是等待机会的到来,期望有一条大鱼撞到自己怀里。上帝才知道这种人是否能成功。我绝对不做这种人!我每天都有目标,而且是前一天就计划好的。不管别人怎么捕鱼,我只管捕自己的鱼!"

最初从事销售行业的乔因没有人脉,只靠着一部电话、一支笔和几页电话秒表作为客户名单。只要有人接电话,他就记录下对方的职业、嗜好、买车需求等生活细节,虽吃了不少闭门羹,但是多少有些收获。而在他的收获里,除了销售业绩外,更多的是对这些客户的分析、了解等。因为熟练掌握如何对客户分类,他后来的推销工作顺利多了。

古语有云:"对症下药才能见效",否则就是做无用功。不可否认,我们的产品的确有很多卖点,但如果不了解客户的需求,甚至给出很多不切合实际的承诺,结果只会产生王婆卖瓜之嫌,导致销售失败。只有在充分了解客户心理的前提下,让其明白买了什么产品会获得什么助益,进而引起客户的购买欲望,才能成功销售,这也是事先了解客户类型的必要性。

那么,一般来说,客户有哪些类型?面对不同的类型,我们又该制订出什么样的应对策略呢?

1.感性的客户

这类客户往往"重情重义",他们常常认为:"人情大过天。"有时候,他们宁愿自己吃亏,也会维系人际间的良好关系。

对于这类客户,要给他留下良好的第一印象,并建立一定的感情基础,很多时候,不必太过于强调产品的优势。

2.争强好胜型客户

这类客户总是希望争夺第一,不愿落后于他人,别人买什么,我也必须买;别人买的是新产品,我绝不会买过时的。

对于这类客户,可以借助上级领导或优质客户出面壮壮声势,促使客户早下购买决心。

3.利益型客户

这类客户为人处世都是利益第一,即使亲兄弟也要明算账。同样,他们也不会因为和你有老交情而选择固定的产品供应商。他们会首先比较价格而且比较的结果是让你没有利润,然后再要求质量。想赚这样的客户的钱不容易。

针对这样的客户,你必须非常专业,设计的产品最好让他感觉到物超所值。20%的精力用于建立感情,80%的精力用在推销产品或提供价值的佐证上。

4.讲求原则性客户

这类客户通常做事、看问题比较客观、理智,不会掺杂太多感情的因素。他们不会因为关系的好与坏而选择供应商,更不会因为个人的感情色彩而选择交易对象。这类客户大部分工作比较细心、比较负责任，他们在选择产品之前，都会进行适当的心理考核，从而做出理智的选择。一旦他接受了你的观念，在经济条件允许的情况下，不会过多地犹豫。

对于这样的客户，你不可以强行送礼、拍马屁等，最好、最有效的方式就是坦诚、直率地交流，不可以夸大其词，该怎么样就怎么样，把自己的能力、特长、产品的优势劣势等直观地展现给对方。

当然，在日常的推销工作中，我们所遇到的客户类型远不止以上几种，需要每一位销售员根据自己的推销经历加以分析、总结！

口碑营销：让消费者自动传播公司产品和服务的良好评价

我们都知道，网络已经成为当今社会信息传达和扩散的重要媒介，作为销售人员，也可以利用这一点来宣传自己的产品。然而，"王婆卖瓜，自卖自夸"的宣传方式是起不到良好的效果的，最好的方式是通过老客户传达，也就是商界常说的"口碑营销"。

所谓"口碑营销"，指的是企业在调查市场需求的前提下，为消费者提供需要的产品和服务，同时制订一定的口碑推广计划，让消费者自动传播公司产品和服务的良好评价，从而让人们通过口碑了解产品、加强市场认知度、树立品牌，最终达到企业销售产品和提供服务的目的。

只有使顾客感到满意的企业才是不可战胜的。满意的顾客是最好的广告，满意的顾客是最好的推销员。顾客满意就是企业利润的最好指示器和增长点。同样，网络销售中，销售员也一定要努力获得客户对产品的良好感受，使其成为我们独特的销售广告。

米兰在网上开了一家鞋店，生意一直不错。

一次，有位男士与米兰沟通，他想给自己的妻子买一双鞋作为生日礼物，并称自己并不知道妻子喜欢什么样的款式。米兰一听就知道这是一位内向的男士。

"您的爱人平时都喜欢穿什么类型和款式的衣服？"

"时尚的，我爱人很爱打扮的。"对方回答。

"那她喜欢什么颜色呢？"

"蓝色、黄色、红色都有吧。"

听到这里，米兰大致掌握了客户喜欢的鞋子类型，于是，她为这位男士推荐了几款。

"可是，我不知道妻子的鞋码，大概是37码的吧，我也记得不大清楚。"

"那您看这样行吗，您就先拿37码的，如果大了或小了，您可以退回来,我们给您调换,放心,运费我们承担。"男士一听,十分高兴,还有这样贴心的卖家,既懂得照顾客户需求,又有重义轻利的境界。这位男士当即受到感动,随后在收到产品十分满意之后,就给米兰一个大大的好评,并且还把这件事传给了邻居、朋友和同事,大家纷纷来照顾米兰的生意。

在这则案例中,我们发现,米兰是个很聪明的网络销售人员,她深知网络销售最重要的是靠客户的信任和店家的信誉,卖产品就是要卖出知名度、信任度和满意度。很明显,这与实体店销售相似,要想获得更多的客户,就是要培养出顾客的"忠诚度",才能有更多的"回头客"。

了解到客户的满意对我们的网络营销的重要性后,此时,我们该做的就是记录和传播客户的这种优良感受。对此,我们可以从以下几个方面着手:

1.敢于请求客户帮自己填写购买记录

可能有些网络销售员会以为,老顾客就会很自觉,会很专业,会主动为我们填写关于产品购买的一些信息表格,其实不然!老顾客只是和我们有成交过的经验,但如果我们不主动要求客户填写,他们是不会意识到这一点的。因此,当每次成交后,我们可以在网上和客户沟通:"我还想麻烦您一件事情,行吗?您能否帮我填写一下产品购买的感受,这是我们销售员的工作之一,完成这一项内容,才算把产品卖出去了。"一般来说,客户应该不会拒绝如此诚恳的销售员。

2.用利益回馈来"引诱"客户给出好评

比如，我们可以使用返还现金或者赠送小礼品的方式来获得客户的好感，让客户给出好评。当然，前提条件是我们的产品质量要过硬、服务态度良好，否则，即便是有某些客户的好评，我们还是会砸了自己的招牌，失去新客户的信任。

3.将客户的良好感受通过网络传播开

除了购物页面上的"客户评论"外，传播好口碑的方法还有很多，比如，在线搜索。这种品牌营销战略可以产生极佳的效果，在线搜索领域市场份额会急速攀升。

当然，要想让客户对我们的产品有良好的感受，是需要销售员自身和企业能够为客户提供优质的产品或服务，并且给消费者体验的机会。

做好顾客与准顾客资料的整理与分类工作

我们强调市场调查对于营销尤为重要，而对新市场的调查，多半也是体现在对潜在客户的调查。作为营销人员，每天都要与不同的潜在客户接触，如果不进行一些资料的整理工作，那么，难免会变得手忙脚乱。另外，对客户资料的整理与分类，有利于我们更好地掌握潜在客户的情况，方便我们制订进一步的营销计划，从而成功销售。

第2章 营销方案定位，有方法有策略让销售水到渠成

这天，保健产品市场专员小张敲开了事先预约好的某住户的门。开门的是位先生，看到小张，这位先生很客气地说："请进。"

进入客户的家后，小张准备与客户寒暄一番，于是，他说："刘先生，您家里这么多字画，都是您自己的笔墨？"

本是句赞扬的话，但客户听完以后，脸色大变，对小张说："对不起，我姓陆，不姓刘。一个销售员，连客户的姓名都记不清楚，还谈什么销售。"这句话说得小张丈二和尚摸不着头脑，明明姓刘，怎么成姓陆了？难道真是记错了？

于是，小张只好离开。回到公司后，他打开了前段时间在做客户调查时留下的资料，天哪，真是姓陆，怪不得客户会生气。

自从这件事之后，小张吸取了教训，开始养成了整理和分类客户资料的习惯，避免再发生这种记错客户名字的事情。

案例中，保健产品销售员小张在拜访潜在客户之前，因为准备工作做得不充分，没有对客户进行资料的整理和分类，造成了叫错客户姓名的失误。这对于客户来说，无疑是一种不尊重，他被客户拒绝也就理所当然。

可见，对客户资料的整理与分类是做好售前筹备工作的重要方面，通常来说，包括以下几点。

1.对潜在客户的分类：

营销人员在开发客户的过程中，如果能做足准备工作，

事先把准顾客合理分析归类，将有助于开展重点推销和目标管理，能做到有的放矢，以最小的人力物力投入，获取较大的业绩。因此，推销员万不可轻视对准顾客的分析归类工作。对新客户的分类可以根据可能成交的紧迫性分类：

所谓紧迫性，是指顾客对购买公司产品、服务的迫切程度。

①超过3个月才能成交的顾客，被称为观望顾客。对于这类顾客，销售人员需要做出进一步的判断与评估，然后安排访问的时间；

②1~3个月内可能成交的顾客，被称为有望顾客。对于这类顾客，销售人员需要积极争取，主动出击；

③1个月内可能成交的顾客，被称为渴望顾客。对于这类顾客，销售人员可以增加访问的频率与深度。

2.对潜在客户的管理：

在对潜在顾客进行分类分析后，推销员下一步要做的就是对这些资料进行归类整理以及建立档案，制作整理成客户名册。制作客户名册的作用在于，通过客户交易状况明细表将客户细分，进而将其备案，作为评价其信用度的资料源；也可使得收款工作更为容易；有助于其他相关商品的推销及商品化计划；作为公司测定推销效率的资料。

当然，这些客户名册与档案需要不断调整，所以这项工作是一个无限循环的过程。

另外，顾客类型不同，所整理的客户名册内容也有所不同。如家庭型顾客，其档案一般包括姓名、年龄、职业、住址、家庭成员情况、兴趣爱好、性格、购买方式等信息。企业型的客户名册则包括下述几项内容：

客户的经历、经营手段、家庭结构、从业人员的状况、销售能力、年度销售额、该公司商品的市场占有率、付款能力、货款回收情况、银行往来、金融关系以及是否有不考虑利润而乱加抛售的情形。

3.对"无利可图"的新客户的管理

顾名思义，这类客户指的是营销人员花费了大量的物力人力，但毫无收获和回报的客户。这里，判断客户是否还"有利可图"的一个标准就是时间，因为对推销员来说，时间就是金钱。

推销员对"无利可图"客户进行类型划分时，应注意三件事：首先，对于那种具有相当潜力的客户，应放长线，钓大鱼，要继续保持联系；其次，为了抵消由"无利可图"的客户所带来的时间耗费，你应选择那种能让你投入较少而成交回报较大的客户；最后，你要对这一点做到心中有数，即那些用于处理"无利可图"的客户的战略终究是会失去效用的。这是不可避免的，也是可以接受的。

在怎样对待"无利可图"的新客户的方法上，你可以参考这几种比较实用的做法：减少拜访次数、尽量利用电话拜访、

> 定位思维

选择适用的方式推销、果断放弃。

制订一份完善的客户跟进方案,保证营销的完成

保险推销员小林最近遇到了业务的"平淡期",为此,部门经理决定进行一次"整顿",便把所有的推销员召集在一起开会。

"我知道各位很辛苦,但业绩才是硬道理,大家能总结一下业绩上不去的原因吗?"经理提问道。

"寻找新客户并不是一件容易的事。"小林带头回答。

"是呀,有时候,客户明明答应给我们洽谈的机会,但很快就变卦了。"有位同事补充道。

"还有,推销保险产品,我发现,不管我们怎么努力,似乎总有令客户不满意的地方。"

"……"

大家发表完自己的意见之后,经理好像明白了问题所在,于是,他提问:"我每个月让你们做的业务计划表,你们不是每次也做了吗?可见,大家平时只是把这份计划表当成一个任务。实际上,它对于我们跟进客户的工作是非常有帮助的,而且,这份规划拟定得越详细,在实际的营销工作中,遇到的问题就会越少。打个很简单的比方,我们为什么回答不上客户提

第2章 营销方案定位，有方法有策略让销售水到渠成

出的各种问题，因为我们没有做准备呀……"

经理说的话很有道理，大家这才认识到原来问题可能出现在"备战"上了。

这则案例告诉每一个营销人员，在正式推销前，一定要做足准备工作，要拟定一份营销策划方案，使之成为我们工作的指导。

一般来说，制订一份完整的营销策划，需要我们完成以下几个步骤：

1. 做到一个"调查"、三个"确定"

一个"调查"：充分进行市场调查，是开拓新市场的必要的且首要的环节。市场调查的过程，其实也是自己在市场上找感觉的过程。通过调查，我们能充分了解竞争对手的市场状况，市场潜力及销售预测，从而发现市场机会，找到突破口。

三个"确定"：

一是在市场调查的基础上通过分析确定本公司产品及营销政策在同行业的地位及优势，并找到突破口。

二是根据市场需要初步确定拟选择的渠道经销模式，是区域独家代理还是多家代理，是直销还是找代理商。确定这一点很重要，这直接决定后面我们到底要拜访哪一类客户。

三是初步确定你即将要拜访的客户"黑名单"。确定客户"黑名单"的方法主要有如下几种：

①到一些销售场所找一些和你销售的产品相关而不相同的畅销品牌，记录电话，找到其本区域代理商。

②通过超市采购打听一些有名的供货商。

③多方调查，打听圈子内做得成功的代理商。

2.拜访客户前的准备工作

①出门前不要忘记检查是否带上了样品和相关宣传资料。

②最好做好电话预约，确保准时到达。

③组织语言：确定拜访时和客户大致要交谈的内容。

下面就是我初次拜访客户时所交谈的主要内容：

公司概况及在同行业中的地位，生产规模及能力，质量保证和稳定体系；

我们的市场拟推广方案；

我们的主要目标市场及市场前景分析；

我们的零风险的售后服务保障系统；

盈利系统；

我们公司对经销商的基本条件，特别是要强调先付款再发货问题；

确定谈判底线，譬如，货款问题、促销支持问题、退货问题等是底线。

3.拜访、"打动"客户

这需要你做到：

①设身处地，从客户利益角度出发，为客户介绍切实可行

的购买计划。

②说话语气及内容要有适度的煽动力和亲和力。

这里考验的还是营销人员的基本素质——说话,这里要求适度,说话太实在,语调太低沉,激发不了客户的购买激情,如你一开始就告诉客户货源经常得不到保障,产品质量经常出问题等,那早就把客户吓得远远的了。但说得太夸张,则会为以后的工作带来麻烦。

③良好的售后服务承诺。

4.跟进、签约

通过洽谈,对于符合公司要求的目标客户要及时打电话进行沟通和跟进。跟进要"欲擒故纵",千万不能急于求成,不分时间、地点地催促客户。否则会弄巧成拙,贻误战机,让客户感觉你是在急于寻找客户,从而给你提出一些"不平等条约",为双方以后的合作埋下隐患。

在跟进的过程中,客户可能会提出一些疑问,比如,货拉来不适销对路怎么办;产品出现质量问题怎么办;职能部门抽检怎么办等细节问题。只要你对以上问题给予了合理解答,目标客户就基本上确定下来了。然后,通过邀请其到公司参观考察等方式,进一步扫除客户心理的障碍。最后,趁热打铁,签订协议。一个新客户就这样诞生了。

一份完整的营销方案往往囊括了以上几点,通过以上几步工作,新市场开拓也才算基本完成。而市场开拓仅仅是营销工作的第一步，后面的工作将更加艰巨而伟大，但只有具备良好的开端，才可能有后面的辉煌。

对客户可能存在的问题进行备案，才能以不变应万变

作为销售员，我们都知道，任何客户，从销售员对其推销的那一刻起，就心存戒备，这不仅是对产品心存疑虑，更是对销售员本身的不放心。为此，他们总是不断地询问各种问题来获得心理上的某种安定。正因如此，聪明的销售员在销售前往往能做足准备工作，列出一些客户可能存在的问题，并作出完美回答，这样在与客户交谈时，便能做到以不变应万变了。而一些销售新手在与准客户交谈时，经常因为回答不上客户的问题而使得自己手忙脚乱，而这就是因为没事先做好这些问题的备案。

电器连接器推销员小李是个爱动脑且思虑周全的人，每次推销前，他都会事先将问题考虑周全。这天，还是和往常一样，他要去一家大公司推销连接器，但小李通过资料发现，这家公司已经有合作者，但他还是准备了一套说辞。

果然，当他来到这家公司，说完自己公司的品牌以后，客户问起了产品的制造厂商，然后说："谢谢你，辛苦了。不过

很抱歉，我们前几天已经买过了。很对不起，我不能跟你买，因为制造工厂有我的朋友在那里，不向我的朋友买好像说不过去，而且最重要的是，人家是大公司，我还是相信大公司的产品。"

"是这样啊？您跟××公司的王先生是朋友哇？××电器公司的产品在这一行是数一数二的，信誉卓著。不过，我们公司出的产品也不落人后，请您看一看吧！我们这个连接器保证绝不输于××电器公司的连接器。我知道，贵公司一向都是使用高级品的，最合适不过了。为了求得进步，您采用我们公司的产品试试，也不会对不起朋友的公司呀！是吧？"

客户说："好吧！那就用一次试试看。"

小李从这家公司出来后，叹了一声："幸亏早有准备呀。"

我们发现，面对销售员的推销，客户似乎总是有很多理由拒绝。针对客户的这些借口，很多销售人员往往束手无策，最终也只能知难而退，放弃推销。其实，我们如果能和案例中的小李一样，事先就对这些问题做一番预测，并做出完美的回答，就能顺利渡过这些销售的难关。这些正体现了一个销售人员的水平。

常见的异议有以下四种，我们可以根据不同的情景，采用不同的方式回应我们的客户：

1.客户嫌贵

在实际销售中，当客户告诉销售员说"你们的东西就是比别人的贵"时,许多销售员会很不客气地回敬一句:"一分价钱一分货,你要是不满意,那你就去他那儿买吧。"这种应对绝对是销售的大忌,无异于赶走了客户。我们应该这样说服客户:

(1)分解价格法

它是按产品使用时间的长短和计量单位的不同来报价,把庞大的价格化整为零,隐藏价格昂贵的威慑力。这种方法把价格分散成较小的价位,实际上,并没有改变客户的实际总支出,但比总报价更加容易被人接受。

(2)比较法

产品与产品之间不仅是打价格战,还有质量、性能及其他方面的较量。当客户告知你的产品比其他家贵时,我们可以用比较法突出产品的优势。就是将同类产品进行优势对比,突出自己的产品在品质、性能、声誉、设计、服务等方面的优势,让客户知道"贵有贵的理由"。其实,这也是在用转移法化解客户的价格异议。人们常说,"不怕不识货,就怕货比货",在比对当中,客户一目了然,自然会选择物有所值的产品。要注意的是,在比较的时候千万不能贬低竞争对手,小肚鸡肠的销售方式会给客户留下不良印象。

2.客户称自己不需要

客户称自己不需要,一般分为两种情况,一种情况是客户真的不需要;另一种情况是这只不过是客户拒绝的一个借口。

针对后者，销售员固然不能直截了当地戳穿，然而不找出客户说"不需要"的原因，销售工作就难以顺利进展。所以，销售员就要采用较为委婉的提问或者交谈方式来探究真实原因，想办法让客户自己说出拒绝购买的原因。在使用这种迂回战术时，销售员一定要审时度势，措辞得当，适度表达，以免打乱与客户的沟通节奏。

3.客户担心产品质量

面对客户的这一问题，销售人员在态度上要给人以坦诚老实的感觉，说话要注意语气，切不可眉飞色舞，唾沫横飞，让他们产生一种华而不实的印象，进而对你所介绍的产品产生相同的感觉。

销售人员可适当地表示你对他们提出的意见的赞同，甚至还可以主动承认产品的一些"小问题"，表明这都无伤大雅，绝对不会影响产品的使用效果，这样会使对方的心情由阴转晴。

对于那些需要证据的客户，销售人员可以展示手头能找到的一切证据向其证明：我说的话绝不掺假。可将获奖证书、权威机构的认证证明、报纸杂志刊登的表扬性文章请他过目，相信这些能令他折服。

4.客户总是说你的产品不如竞争对手

的确，碰到这种"立场坚定不移"的客户，会让人不知如何开口，尤其对新手来说，更是无所适从。当遇到客户用这种借口时，千万不要知难而退，而应该试着去确定一下此话

是否属实。你可以这样回答:"是吗?很好,能够向自己的朋友买再好不过了,你们是认识多年的好朋友吧!"(稍微停顿一下)

这时,客户倘若善于应付销售人员的话,另当别论。但是,一般的客户都会说:"哦!大概是这样子的吧!好多年了!"或说:"叫我怎么说呢?"或说:"你管太多了!我的朋友与你有什么关系呀!"

这样,我们就能看出对方只不过是在说拒绝的托词。此刻,你可以说:"这个请您做参考好吗?"一边拿出产品说明书、图样来给他看,或一边操作示范机器,一边劝导客户买下来。但如果客户一点儿也没有改变心意时,推销员必须想办法游说,或做个长期计划,先慢慢成为客户的朋友,再逐步进行推销事宜。

当然,客户可能提出的问题远不止以上四点,我们"备案"越充分,越能帮我们在具体的销售过程中"应急"!

要多备几套营销方案,多一手准备

人们常说:"不打无准备的战。"对于营销也是如此,营销前充分了解客户,才不会被对方牵着鼻子走。并且,最好多制定一套方案,因为一套方案不一定适合所有人。另外,当今时代是信息社会，此刻对方可能已经应允与你接洽，但十分钟以后他可能因为某些信息取消活动。因此，聪明的人在设计预案的时候，都会多一手准备，这样，就会多一分把握。

有一批外国客商，要在中国内地购买一批棉布。W纺织公司通过熟人很快就打听到这一消息，因此，他们准备先请这些客商吃饭，搞定这门生意。但就在饭桌上，W公司代表发现，与这些外商联系的，同时有好几家公司。而在价格上，他们公司并没有优势，这就是这些外商迟迟不肯成交的原因。

此时，W公司的谈判人员有点儿不知所措，他们给公司经理打电话，很快就解决了这一问题。原来，公司总经理早就料到了同行竞争的存在，于是，就多准备了一份谈判预案。

W公司经过调查发现，这些外商虽说要购买棉布，但这批棉布是用于医疗卫生方面的，而符合这一标准的，就只有W公司的产品。也就是说，这些外商并不知道这一"内幕"。在后来的谈判中，W公司的谈判代表们就使出了这一杀手锏，为这些外商提供了一份预案。在这份预案中，他们故意"透露"了这一情况。最终，令很多同行不解的是，为什么这些外商会选择价格比其他公司都高的W公司。

任何一位客户，为了能购买到最质优价廉的产品，都会货比三家，而这就导致了销售方之间的竞争。那么，如何才能在这些竞争中始终立于不败之地？其实很简单，那就是比别人多一手准备，多一份预案，这样，才能以不变应万变。案例中的

定位思维

W公司之所以能卖出自己"贵"的产品,就在于他们掌握了购买方对产品最重要的要求,而这也成了他们能打败众多对手的杀手锏。

我们再来看下面一个故事:

业务员小马是一名企业培训课程推销员,而且,他的业绩一直都是出奇的好,这是因为他很机灵,总是能把话说到客户心坎上。

这天,他又来到一家公司推销。

小马:"董事长啊,您是不是正为了职员缺乏干劲而困扰呢?"

董事长:"就是说呀,最近,无论是职员还是管理干部都很放松,害我没办法处理其他工作呢。"

小马:"(点头)果然是这样没错。刚好我手边有一项研习活动,可以提高管理干部的干劲,您要不要听听看呢?"

董事长:"是吗?这倒很有意思。"

接下来,不到三分钟,小马就成功推销了这项活动。

可能你会猜想,万一小马没猜中呢?其实,没猜中的话,他也有一套自己的应对策略。

小马:"刘总,您现在最困扰的是不是员工缺乏积极性的问题呢?"

刘总:"我现在真是管不上他们的积极性问题了,现在是人都不够。"

第2章
营销方案定位，有方法有策略让销售水到渠成

小马："（点头）原来真的是这样啊，看来我没将我的想法表达清楚。贵公司的员工其实一直都是比较努力的，但如果人手不够，他们花在工作上的时间和精力太多，时间长了，大家也会泄气的。现在，我们公司正好有个人才招聘项目是针对您这种情况的，让我为您简单说明一下吧？"

以上案例中，业务员小马就是个聪明的人，似乎他怎样表达都能命中对方心思。这不但因为他有着出色的应变能力，还因为他事先做足了工作，针对可能出现的情况进行了方案备份。这样，他能随时抓住对方说话的契机，顺着对方的意思往下说。如果猜中了，对话就可以继续下去，即使没猜中，也可以立即转变说话的势头，继续交谈。

可见，在销售活动中多一手准备，能有效解决各种意外情况，最终实现我们的营销目的。为此，我们在准备营销方案时，可以遵循以下几个流程：

1.多备几套方案

以故事中的情况为例，我们如果没猜中客户的苦恼，那么，就要思虑好会出现另外一种什么情况，然后，针对这种情况提供新的方案。如果客户存在的问题你并不能解决，那么，你们的沟通就是无效的。而这还是需要我们对客户乃至我们的交往对象多作了解，才能解决好这个问题。

2.预测各种方案的结果

你如果制订了三份预案，那么，就要对这三份预案的结果

进行预期，这样能减少失误。因为很多时候，即使你准备了多套方案，但在具体执行的过程中，也会因为各种因素而出现我们无法驾驭的意外情况。

3.尽量完善你的方案

没有谁能保证方案在执行中的绝对顺利，你的方案越完备，那么，胜算的把握就会越多。例如，在与大宗客户接洽时，在考虑具体的交谈场景问题上，你不仅需要知道对方更喜欢什么样的场所，还要知道对方喜欢什么口味的酒水、饮料、点心等。这都是一些细节性问题，当然，要了解这些，你就要做足工作。

4.反应敏捷，以最快的速度回答对方

你回答的速度越快，越能显示出你的专业性，越能迅速把对方带到你希望呈现的语言环境中。

总之，我们要出色地完成营销任务并非易事，除了要了解顾客的信息外，还需要多做几手准备，要综合考虑、观察各方面的因素，方能减少失误、实现成交。

第3章

客户定位,别忽略了你身边这些资源

任何有经验的营销人员都知道,成交的第一步是寻找客源、定位客户,有多少客户和如何开发客户决定了一个推销员推销事业的成败。对于一个推销员而言,寻找顾客就如同淘金者寻找黄金一样重要。事实上,推销中从来都不缺少客户,是你缺少一双发现客户的眼睛。在我们生活和工作的周围,有各种各样寻找顾客的渠道,比如,名片法、朋友介绍法、活动场所寻找法等。无论采取哪种方法,我们都不能戴"有色眼镜",每个人都应是你珍视的对象!

别忽视名片在定位客户中的重要作用

现代社会，几乎每个人都使用名片。从某种程度来讲，名片就是我们身份的代表。因此，为了更好地推销自己和产品，销售员们在挖掘潜在客户时，也不忘留下自己的名片。但事实上，这一方法似乎并不见效。这是为什么呢？

我们来看推销大师乔·吉拉德是怎么使用名片的：

他到处递送名片，在餐馆就餐付账时，他把名片夹在账单中；在运动场上，他把名片大把大把地抛向空中。名片漫天飞舞，就像雪花一样，飘散在运动场的每一个角落。你可能对这种做法感到奇怪，但乔认为，这种做法帮他做成了一笔生意。

据统计，每个推销员都有自己的名片，许多推销员一年也用不完五百张，但乔一周就能用完这么多。从这里，我们能看出为什么这些推销员不能利用名片成功提升业绩了吧，为此，你不妨学习乔的方法——让名片满天飞！

乔认为，每一位推销员都应设法让更多的人知道他是干什么的，销售的是什么商品。这样，当他们需要他的商品时，就会想到他。乔抛散名片是一件非同寻常的事，人们不会忘记这种事。当人们买汽车时，自然会想起那个抛散名片的推销员，想起名片上的名字：乔·吉拉德。而且，有人就有顾客，如果能让他们知道你在哪里，你卖的是什么，你就有得到更多生意的机会。

然而，在现实生活中，有些推销员无论在什么场合，都不愿透露自己的工作，即使是回到家中也只字不提，甚至连他的妻子都不知道他是干什么的。这真有点儿让人难以理解。要知道，作为一名推销员，只有让更多的人知道自己，才能更快地迈向成功。因为当别人看到你的名片后，才会熟悉你的职业，才能在他们需要产品的时候，第一时间想到你！

事实上，不论在与客户沟通还是其他社交场合，名片已经是现代人相互交往时的必备工具了。对于推销人员来说，名片就如同推销人员的代言人一般，递上名片就等于是在作自我介绍。一张设计巧妙的名片，其实就相当于推销人员的一张自我广告牌。为此，很多推销员会在设计自己的名片上下一番功夫。

我们绝不可忽视名片在推销工作中的重要性，任何一次推销，我们都必须精心准备，不可遗漏！

可以说，名片是现在很常见的东西了。那么，作为销售员，你知道名片的作用有哪些吗？

1.用作公司和品牌宣传

通常来说，业务员的名片上，也会有公司的名称、Logo（标识）、形象、业务范围等。这主要是为了推广公司企业的品牌，一般名片都遵从公司企业的整体形象规划。

2.用作个人宣传

简单来说，就是为个人做广告，把自己推销出去。名片上主要是主人的姓名、职位、联系方式等，把名片给尽可能多的人，让更多的人认识和了解名片主人。

3.用作联系卡片

纯粹作联系使用。名片上主要印制的就是推销员个人的联系方式，因为人们的交流广泛，客户见到你之后，也不一定能记住你的姓名、联系方式等，给别人一张名片，当别人要联系你的时候找到名片就知道怎么联系。

除了上面几种主要作用，其实名片还有很多其他的作用。因为名片是展示个人的好机会，所以每一个人的需求有可能不一样，用名片的方式、场合、目的都会不一样。作为推销员，你一定要懂得用名片来收获生意，进而提升自己的业绩！

让身边人成为助你挖掘新客户的帮手

现实销售中，我们总是羡慕那些从事多年的销售前辈，他们在推销产品的过程中得心应手。这一方面是因为他们有丰富的经验，另一方面是因为他们给自己编织了广大的客户关系网。他们善于从身边的人身上挖掘新的客户，所以他们的推销工作就越来越顺，业绩也就相应地越来越好。

定位思维

老孙因为公司裁员失业了，还不到四十岁的他总不能就此赋闲在家，再说，孩子还需要大笔的学习生活费用。为此，爱面子的老孙居然在家人的"鼓吹"下，干起了女性化妆品的销售工作。这让老孙很头疼：一个大男人推销化妆品，谁会买呢？正在老孙准备打退堂鼓之时，他的妻子给他上了一课。

"我反正是不干了，这一个多星期了，也没一个客户。"老孙抱怨道。

"那你就主动找客户哇。"

"哪有那么容易，我以前又没做过这行。再说，我一个大老爷们儿，卖化妆品，更没有客户了。"

"我看你这人，就是个死脑筋，客户是不会自己找上门来的，你需要多动动脑筋。谁说男人不能卖化妆品了？再说，我不是有很多朋友吗？你那些朋友的妻子、女儿不也是女性吗？"

"你的意思是？"

"很简单，你的确没有做过化妆品销售的工作，但是你的人脉还是不少的，尤其是朋友，一人拿一件化妆品，你的生意就开始了。然后，你可以再以这些朋友为跳板，拜托他们帮你推销，你说呢？"妻子解释道。

"是呀，我怎么没有想到呢，我看你，倒是一把做销售的好手。"

说干就干，第二天老孙，就发动起了朋友。这些老朋友一听老孙在做化妆品销售，都主动为自己的亲戚朋友买了些，几天的功夫，老孙就财源滚滚了。随后，老孙在妻子的点拨下，以每套化妆品3%的提成让朋友帮忙卖，这下子，老孙的生意就更红火了。

在这则案例中，老孙初入化妆品销售行业，因为没有客源而销售无门，但值得庆幸的是，他的妻子及时让他看到了希望——他没有客户但有朋友。于是，他们发动了这些朋友购买产品。更难能可贵的是，老孙在获得朋友的帮助后，还主动以3%的利润让周围的朋友助自己一臂之力，在这样的利益诱惑下，朋友们自然不会拒绝。

其实，这一销售策略也符合美国著名的心理学家和人际关系学家戴尔·卡耐基说过的一句话："一个人的成功是靠85%的人际关系和15%的专业知识取得的。"一个优秀的推销员既懂得人际关系的重要性，也懂得如何利用身边的人包括每位客户为他介绍客户。其实，无论是你的亲戚、朋友还是老客户，都能成为你发现新客户的帮手。要知道，一旦介绍程序开始运作，你就不需要面对陌生的准客户了。而如果由你自己去开发客户，你可能要经过多次拜访、多次面谈，还不一定能够成功。

那么，具体来说，销售员应该怎样做，才能让身边的人甘愿为你推销呢？

1.常联系、关心周围的人，并让他们知道你的近况

通常来说，向我们的亲戚朋友推销，比向陌生的客户推销容易得多。因为他们喜欢你、相信你、希望你成功，他们总是

很愿意帮你。但前提是，你要懂得"人情先行"这个道理，没有人喜欢与"无事不登三宝殿"的人来往，即便是再要好的朋友也是如此。

为此，你要从内心真正关心他们，并且常联系他们，让他们知道你的近况，知道你正在从事销售行业，有新的产品。

从现在起，与他们联系吧，告诉他们你已经开始了一项新职业或开创了新企业，希望与他们共享你的喜悦。

2.将最优越的产品推销给周围的人

你若希望你的亲戚、朋友或者老客户帮助你，就必须把好质量关，把质量优越的产品卖给他们。如果你向其推销的是质量不过关或者价格昂贵的产品，那么，你失去的不仅仅是一个客户，还有他们的信任，从身边的人中开发客户资源这一优势条件也就丧失了。

因此，你可以尝试向他们推荐你确信质量有保障的优越产品，以此获得他们的积极回应，并使之成为你最好的顾客。

3.以他们为客户中心，扩散客源

不管你身边的人有没有购买需求，你都要联系他们。寻找潜在顾客的第一条规律是，不要假设某人不能帮助你建立商业关系。他们自己也许不是潜在顾客，但是他们也许认识将成为你顾客的人，不要害怕请他们推荐。另外，你在取得他们的同意，与你分享你的新产品、新服务以及新的构思时，要这样说："因为我欣赏您的判断力，我希望听听您的观点。"这句话一定会使对方觉得自己重要,并愿意帮助你。

总之,一名优秀的销售人员要头脑灵活,善于运用对自己有利的一切力量。从身边的人开始挖掘客户资源,需要我们先与他们联系,再以他们为中心,将客户资源逐渐扩散开来。但这中间,需要我们维护好和这些熟人们的关系,一个令人憎恶的人,是很难得到他人的帮助的!

巧让客户做宣传,胜过自己叫卖

在销售中,有时候,我们向客户宣传我们的产品如何好,在某些人看来,都有点儿"王婆卖瓜,自卖自夸"的意味。可是,当同样的话从愿意帮我们做宣传的客户嘴里说出来,含金量就不一样了。客户的口碑宣传的力量远比我们的销售手段有力,也是最能产生直接效应的。所以,让你的客户帮你做宣传,是拓展业务最有效的方法,远胜过你自己叫卖。

林琳是一家电子配件销售公司的销售顾问。有一次,公司开会,准备举办一次展销宣传活动,可是怎么才能让这次活动奏效呢?大家众说纷纭。后来,销售经理建议,邀请那些老客户帮忙,可是,老客户会帮忙吗?说到这儿,大家都建议让林琳出马,因为她的口碑很好,公司很多客户是冲着她来购买产品的。

一个星期以后,活动开始了。在活动现场,一位老客户道出了当初购买林琳产品的经过，事情大致是这样的：

客户："你知道，我负责采购的是一批关键零件，质量相当重要。"

林琳："嗯，这个我知道，贵公司一贯以高质量著称。而我们公司也很注重产品的质量，因为产品质量就是公司的名片。有质量问题的产品，一旦卖给客户，就等于毁了自己的声誉。另外，我们以前也和其他一些知名电子企业做过交易，所以对500强企业的采购模式有了一定的了解。"

客户："哦，你说的这些话倒都是实话，估计对电子行业的产品，也是个行家。那你们给知名电子生产商提供的都是什么配件？"

林琳回答说："您过奖了，我们给知名电子厂商提供的配件类型比较齐全。您也知道，他们对产品质量的要求几乎达到了吹毛求疵的地步。我记得有一次，我们与一家名企合作，当时，他们备选了十个公司的产品，花了一个多月的时间考察每家公司的产品。我们也没有想到，最后他们跟我们公司签订了两年的合约。"

客户对此也有了兴趣，问道："为什么他们最后选择了你们呢？"

林琳："这主要有三个原因，首先，我们的加工工艺和生产流程都是国际上最先进的。其次，我们在供应商中是唯一一家采用进口材料的，这就确保了我们的使用时限长；最后，我们的售后承诺让他们很满意。所以,我们成了最后的赢家。"

经过近一个小时的详谈,最后客户和林琳就价格问题达成了一致,他们约定第二天进行具体的签约事宜。

当时,参加活动的其他新老客户听完后,纷纷都说要和林琳所在的公司合作。

在这个推销实例中,我们发现,林琳无疑是一个很出色的销售顾问,这些老客户都愿意主动帮忙,也就是看在她的面子上。而这次展销宣传活动的成功,也是因为动用了她的老客户关系。可见,让老客户为我们宣传,比我们自身叫卖效果要好得多,因为客户的一句话,胜过我们营销员的千言万语,那些客户都是活生生的例子。

当然,客户愿不愿意帮我们做宣传,还得看我们与客户的交情。如果我们能在产品质量和服务上让客户满意,我们的处世风格以及行为习惯都能获得客户的赞同,那么,客户一般是不会拒绝帮你做宣传的。如果刚好是他周围的朋友要找类似的产品,他会更加愿意推荐你,因为他也想让朋友获得同样的满意。

具体来说,我们可以这样让客户帮我们宣传:

1.加强联系,与客户交朋友

销售员不要把与客户的关系局限在工作上,工作之余,也可以与客户多接触。如果你能和客户成为朋友,客户自然而然就会将自己的朋友介绍给你。另外,你可以尝试送给客户一份特别的礼物,但一定要在一个合适的环境下,同时提出恰当的理由，千万别让人感觉你在拍马屁。例如，如果客户非常热爱茶艺，你就可以送给他一套茶具，并时常以茶艺为话题向客户请教，这样，你们之间的关系也就密切了。

2.信守原则

一个信守原则的销售员总会让客户觉得可以信任。因为客户在为我们介绍新客户的时候，通常担心销售员是否也会为这位新客户提供同样优质的服务。很明显，只有我们做到信守原则，他们才能放心与我们再次合作和交往。

3.敢于开口，主动要求客户帮我们宣传

很多销售员尤其是那些销售新手，会觉得要求客户帮忙介绍是一件难以启齿的事，因为他们觉得这对自己的名声很不好。其实，这种想法是错误的，只要我们以诚恳的态度、自然的表达方式向客户求助，客户是乐于帮助我们的。

因此，让客户帮我们做宣传，建立和完善客户关系是极其重要的。它极有可能是通往其他业务的渠道网络，能帮你网住未来更多的客户和订单，帮你带来利润！

短信搜罗法，能让客户记住你

我们都知道，在营销工作中，最重要的就是定位客户，有客户才有生意，在延续企业生命上，开发新客户，对于企业

第3章 客户定位，别忽略了你身边这些资源

的营运、财力、管理、品质影响重大。客户足以影响企业的营运，为求新客户的持续加入，企业必须努力经营，才能获得客户的信赖。

根据统计，在市场竞争法则下，厂商每年至少丧失若干旧客户，但每年还会开发新客户，二者平衡下，变化不大；若不采取计划性地拓展，则将来对客户之经营，势必十分吃力。但开发新客户确实是一项艰巨的工作，特别是刚刚开始从事这个行业的时候，你的资源只是你对产品的了解而已，你需要通过很多种方法来寻找潜在客户，而且你花在这上面的时间和精力也非常多。对此，销售员通常感到很苦恼，害怕上门拜访会遭到拒绝，担心电话营销与客户无话可说。那么，你不妨从另外一个更为间接的方式入手——短信。可能这种方法的效率会比较低，但绝对可以让那些潜在客户逐渐认识你和你的产品。

陈鹏是一家房屋中介公司的置业顾问，刚来这家公司不到一个月。这段时间，他经过培训，学习了很多销售技巧，但考验他的时刻也到了。两星期后，经理就让他自己寻找客源，和其他员工一起正式工作。

这可难倒了陈鹏，他不知如何入手。于是，他只好每天对着电脑，就公司的资料库挨个打电话，但收效甚微，几乎是每打一个电话，都被客户无情地挂断。他为此很苦恼。这天，他坐在电脑前发呆，被经理看到了，经理对他说："你这样可不行，我看你才开始工作，倒不如先试着给客户发发短信，先别

打电话了。"

"发短信？这样行吗？我担心客户连看都不会看。"

"那得看你这短信怎么发了。"

"怎么发？"

"一字一句都要说得语重心长，你想想看，你打电话，客户很可能立即就忘记了，但是短信的话，则会让客户记住你。"

"说得也是，那经理，您能发一条给我看看吗？"

"可以呀，你看……"

案例中，这位经理说的话是有道理的。短信的好处在于，能让客户更深刻地记住你。的确，在寻找潜在客户的过程中，可能很多销售人员认为，打电话更直接、效率也更高。但对于像案例中的陈鹏这样的销售新手，从短信入手，会更能帮助其避免很多沟通技巧不娴熟的问题。另外，短信能让客户留住对你的记忆，这是电话营销所不具备的优点。

可能又有一些销售人员会产生和陈鹏一样的疑问，如何利用短信搜罗客户？

1.根据企业提供的名单给客户发短信

许多企业会向销售人员提供客户名单，为了成为优秀的业务高手，你需要从中找到自己的潜在顾客。这样，即使从企业的名单中毫无所获，你也有所准备。

对此，检查一下过去顾客的名单，不但能获得将来的生意，而且将获得他们推荐的生意。

2.扩展你的人际关系，从名片入手

人际关系是企业的另一项重要的产业，人际关系愈广，你接触潜在顾客的机会就愈多。那么，如何扩大人际关系呢？你可以这样着手：

①准备一张有吸引力的卡片：你要让你接触的人知道你是谁？你能提供什么样的服务？名片能让你接触的人记得你；

②参加各种社团活动；

③参加一项公益活动；

④参加同学会。

另外，最重要的是，无论你认识了谁，都不要忘记向对方索要一张名片，这样，你就能获得与之联系的方式，从而找准机会给其发短信。

当然，采取短信寻找潜在客户还有更多其他获取名单的方法，需要我们在日常工作中多加留意！

举办公益和慈善活动，以此吸引准客户

人都是有情感的，客户也不例外。为此，一些企业会定期举办一些公益活动和慈善活动，并邀请潜在客户参与到活动中。当客户被打动后，他们对销售方的工作就会产生一种认同

感和共鸣，甚至成为他们的忠实客户。的确，每个人都有一定的社会责任感，如果我们能认识到这一点，多举办一些慈善活动和公益活动，激发潜在客户的社会责任感，那么，势必能吸引准客户，也对我们接下来的销售工作起到帮助作用。

其实，公益营销并不是一个全新的概念，因为国外早已有人使用——美国运通公司。这家公司最早运用了公益营销，于1981年在全国性的营销活动中与公益事业——"修复自由女神像"相结合，只要用信用卡购买运通公司的产品，运通公司就相应地捐赠一笔钱用来修复自由女神像。到1983年，该公司为此公益事业捐赠了170万美元。也因此，公益营销渐渐成为全球营销界热点话题。

在发达国家，帮助弱势社群这个重担永远不会让政府独自承担，由企业成立的慈善基金会一年比一年多。经过2002年的大力宣传以后，公益营销在国内也已成为热门话题。有一些企业先后采用这种营销模式，公益营销模式在医药保健品行业里运用得更加广泛。

公益营销之所以越来越受到重视，绝不是空穴来风。随着人们对环境、健康的关注，消费者对于企业的要求也逐步上升，不单单要求企业提供优质的产品和服务，还要求企业能够担负社会责任。消费者拥护社会责任感强的企业，愿意购买他们的产品。公益营销具有多方面的作用：

第一，能够提高品牌形象；

第二，提高企业的经济效益；

第三，拉近与消费者的关系；

第四，提高社会效益等。

当然，除了举办公益活动外，慈善活动也应该为我们所用。但举办此类活动的时候，我们还应注意：

1.选择一个活动主题

品牌传播的"项链理论"告诉我们：所有传播推广都必须围绕一个核心去运作。所有的活动运作，包括公益活动，都以一个主题为主线。

比如，在世界500强中，"营销学宝洁，公益学安利"已成为共识。安利在公益方面主要选择三个主题："倡导健康""关爱儿童"和"致力环保"。

2.选择好活动时机

所谓"机不可失，时不再来"，在销售中，把握时机和选择时机都是很重要的。一些特殊的时机或者发生重大事件的时候，政府、媒体、公众的关注度都很高，如果企业能够在第一时间主动行动，不仅能够因为善举获得好名声，还会引来许多公众关注与媒体报道，从而达到四两拨千斤的效果。在5·12大地震中，王老吉果断捐赠一个亿，赢得国人感动、满堂喝彩，大家纷纷抢购，以示支持。

3.活动前要做好传播工作，声势先行

当然，默默无闻地做好事、做活动并不是不可以，然而，对于企业来说，目的就是要打响招牌，因此，在宣传活动之前进行适当的造势很有必要。活动前通过具有吸引力和创意性的宣传活动，使之成为大众关心的话题、议题，成为具有新闻价值的事件，从而吸引媒体的报道与消费者的参与，使这一事件得到传播，进而达到提升企业形象，促进销售的目的。

总之，举办各类公益活动和慈善活动，不仅能提高产品形象、提高企业的经济效益，还能拉近与客户的关系，更能帮助我们吸引潜在客户。对此，我们必须全心全意把活动做好，才能发挥其最佳的效果！

各种活动场合，也能找到客户

营销工作中，不管遇到什么销售难题，我们都要意气风发、斗志昂扬，每天与客户促膝交谈，了解情况，搜集信息，精心筛选准客户，希望能开发出有效的客户资源。然而，在实际工作中，好多销售员跑断腿、磨破嘴，绞尽脑汁，用尽办法，也难以找到准客户，最终因客户枯竭，经营艰难，而销售失败。而实际上，我们发现，那些成功的销售员在寻找客户的过程中，都不会盲目寻找，而是会有的放矢，比如，各种会议、活动场所都是他们关注的焦点。因为一般来说，这些活动场所云集了各种行业的人士，在这类场合搜集客户信息，远比

第3章 客户定位，别忽略了你身边这些资源

毫无目的地上门推销要省力得多！

小戴是保险公司的推销员。她在推销保险上，有一套自己的心得，比如，她喜欢积极参加市里举办的各种会议和活动，在这些场合上挖掘潜在客户。

每次会议前，小戴都会通过会议的举办人获得这些客户的资料，然后再采取一些针对性的措施。

比如，如果知道哪位客户爱好旅游，她就会给该客户送一些旅游资料。打个比方说，有的客户要出国，她就从网上搜索出这个国家的资料，整理成小册子送给这位客户。小册子介绍了这个国家的风土人情、流通货币和餐饮食宿，客户用起来很方便。同时，小戴还会向客户介绍旅游保险，以及境外援助的方式等。

又如，对于那些长期在外出差的、有较强购买力但还没有买保险的准客户，小戴会送他们一些卡单式短期意外伤害保险。这种保险期限为几天的意外伤害保险，特别适合他们。

小戴就是借着这种保险和他们建立进一步沟通的，并让他们对保险有更进一步的认识，从而慢慢成为自己的大客户。

案例中，小戴寻找准客户的方法值得我们效仿。比如，通过会议举办人，小戴能了解到客户的信息。如果客户爱好旅游，那么，小戴在给准客户送他们所需的旅游资料时，就自然而然地推销了与客户出行相关的旅游保险。另外，对于那些没有购买保险但有潜力的人，她采取送卡单式短期意外伤害保险的方式，加

深他们对保险的认识，也增强了他们对她的信任。经过如此的沟通，有一天，当他们需要购买保险时，肯定会先想到小戴的。

那么，我们该如何搜集客户信息呢？

1.展会寻找法

每年各个地方都有不少交易会或者展会，如广交会、高交会、中小企业博览会等。只要是符合你行业属性、产品属性的展会，你都可以去光顾。在展会上，你可以搜集到大量的客户资料，甚至现场寻找客户、联络感情、沟通了解。展示会是获取潜在顾客的重要途径之一，但事前，你需要安排好专门的人员收集顾客的资料，顾客的兴趣点以及现场解答顾客的问题。

即使你的公司没有组织展示会，你的顾客群体组织的展示会也同样重要。当然，你要有办法拿到他们的资料。

2.会议寻找法

会议寻找法是指利用参加会议的机会，通过与其他与会者建立联系来寻找客户。例如，新产品洽谈订货会、产品展销会、贸易年度洽谈会、高交会、广交会、中小企业博览会，以及其他类型的展览会等。

销售员想在博览会和商业展览中成功获得新客户，就要好好准备。当人们走到摊位前仔细观看产品时，销售员应该记下他们的名字和地址，以便日后与客户进一步接触。

3.大型专业市场寻找法

大型专业市场如：汽车汽配市场、美容保健市场或某某商业一条街是商家云集之处，来到这里，不仅可以获取到大量的潜在客户资料，还可以现场物色潜在客户。在这里来来往往的人，几乎都是可以为你提供一些宝贵信息资料的人。

如果我们能从以上这几种活动现场多留意客户，收集客户的信息，那么，一定会对销售有所帮助！

二八法则：将主要精力放到关键客户的维护上

在营销中，我们深知，不同的客户，带给我们乃至企业的是不同的利润与收入。顾名思义，也就是大客户给我们带来的收入更多。的确，越来越多的企业或商家，80%的收入是由20%的大客户带来的，有些甚至90%的盈利是由不到10%的客户创造的。这就是二八法则。

二八法则由维尔弗雷多·帕累托提出，他认为，在任何特定群体中，重要的因子通常只占少数，而不重要的因子则占多数。因此，只要能控制具有重要性的少数因子，即能控制全局。当然，习惯上，二八定律讨论的是顶端的20%，而非底部的80%。

于是，在销售中，就有了关键客户的产生。所谓"关键"客户，是指那些对企业具有战略意义、能对企业盈利作出重大贡献的客户。关键客户也就是我们俗称的大客户，或者用英文来表达即所谓的VIP。

在每个行业内，我们都能看到大客户的身影。无论是股市的大客户室、中国电信大客户事业部，还是航空公司的头等舱，衡量一个客户价值的标准不只是客户的身份和社会地位，而且看其对公司利润的大小。我们经常听到销售人员称，客户就是上帝，也就是说，对于公司的客户，无论大小，都要一视同仁。但在具体的实践中，这条规则几乎没有运行。

美国著名的企业家威廉·穆尔可谓是将二八法则运用得炉火纯青的人。

他曾经效力于格利登公司，工作任务是推销。第一个月，他的业绩只有160美元，随后的一段时间，他仔细研究了犹太人的生意经，发现犹太人善于运用"二八法则"。后来，他将这一法则也运用到自己的推销工作中，并分析了自己的销售图表，发现他80%的收益来自20%的客户。但是他过去却对所有的客户花费了同样多的时间——这就是他过去失败的主要原因。

于是，他要求将手头毫无起色的36个客户分派给他的同事，而自己则把精力集中到最有希望的客户上。不久，他一个月就赚到了1000美元。穆尔学会了犹太人经商的二八法则，连续九年从不放弃这一法则，这使他最终成为凯利-穆尔油漆公司的董事长。

80/20法则对于营销的启示是：销售行业里，80%的销售额是由20%的重要客户来实现的，而这20%的重要客户可以说是销售员长期合作的忠实客户，也叫"堡垒户"，如果丧失了这20%的忠实客户，那销售员将丧失80%的收入。因此，营销人员要将主要精力放到关键客户的维护上，要牢牢盯紧关键客户。而防止关键客户"跳槽"，最根本的做法是提升客户的满意度，令其真正享受到VIP待遇，进而增加忠诚度。

汪平是平安保险公司的销售员，销售业绩一直名列前茅。他有位整整跟踪了三个月都没有谈下来的大客户，他知道，能否拿下这个订单，直接关系到自己本季度的销售额。对方是某建筑公司的总经理刘某。

这天，他得知刘总的儿子考上了清华大学，觉得这是个问候刘总的好机会。于是，他来到这家公司，绕过秘书，见到了刘总。一见面，汪平就热情地说："刘总，你好，很高兴又见到你了，听说你的儿子考上清华大学了，恭喜你呀。"

刘总本来对汪平抱有很强的抵触心理，但一听到汪平谈到自己的儿子，那可是给他增光添彩的人哪，自然心花怒放，喜上眉梢，于是和汪平谈起了自己的儿子。

这一谈不要紧，刘总防备的心思早就抛到九霄云外了。谈了一早上之后，刘总心情大悦。汪平抓住这个机会，拿出保险合同说："刘总，你看这么高兴的事情，应该同喜同乐，你给员工们买上保险吧，让员工们也能分享到你的快乐呀。"

刘总正在兴头上，想也没想，拿起笔就在合同上签了字。就这样，汪平跟了三个月没跟下来的单子终于拿下了。

从这个故事中，我们了解到，保险销售员汪平之所以能拿下这个大客户，是因为他贴心的服务，能体会客户快乐的心情。

那么，根据二八法则，我们该如何悉心服务客户呢？

1.提升自身素质

服务大客户的要求很高，必须时刻留意客户的动向、客户行业动向，为客户提供相应的服务，抓住客户在不同时期的发展需求，提供相应的服务。服务大客户对销售人员的综合素质要求很高，对交际能力的要求也很高，对知识面的要求同样很高，所以首先要解决销售人员的素质问题。

2.保持与大客户的沟通

能随时保持有效的沟通非常重要，这就很考验销售人员的整体素质。对此，我们要利用一些时机多走动一下，随时关注大客户的动向。

3.为大客户制订个性化服务

针对不同的大客户要制订出个性化服务，让客户感受到你们不是在与他们做生意，而是在为他们服务，在帮他们的忙，这点很重要。

4.掌握为大客户服务的三重境界

单纯的微笑永远不是"以客户为中心"的经营理念核心。我们要把自己由客户的金融产品和服务的提供者变为长期支持伙伴。

为此，我们需要掌握为大客户服务的三重境界：

①第一重境界：我们要将现有的服务高品质地推给客户，

让客户体验热忱、周到的服务，用瞬间感染客户。

②第二重境界："因客户而变"，站在客户的角度来设计服务流程，打造产品。

③第三重境界：主动引导客户，不断地推出新产品、新服务手段来吸引客户，不断创造兴奋点。

现实工作证实，不变的客户给公司带来的收益会远多于经常变换的客户。客户的每一次变换都意味着风险和费用。而关键客户是否转变，更是事关我们的业绩和企业利益。因此，作为销售员，在维护客户的关系上，我们一定要盯住关键客户，令其真正感受到VIP待遇，才能稳固和大客户的合作关系，我们的销售工作才能"长治久安"！

评估客户购买力，再进行层次与等级区分

我们都知道，从事营销工作，我们只有拥有足够多的客户资源，才有可能交出漂亮的业绩单。许多人之所以没有成为成功的销售员，是因为没有注意到准客户的重要性。而合格的潜在客户必须具备三个方面的条件：一是购买力；二是决定权；三是有需求。这三个要素缺一不可，只有当客户同时具备这三个方面的条件，才是我们的合格的潜在的用户。可见，购买力是我们判定一个客户是否能最终成交的最重要条件。因此，在

正式推销之前，我们首先要预估客户的购买力，然后再区分客户的层次与等级。

河南郑州富达丰田将郑州的地图进行区域划分，每个区域都建立相应的档案，然后实行A卡和C卡统计制度。A卡是指到店等级高的用户，C卡是指交订金的用户。

通过统计和对比，就能清楚地看到自己的客户群享受服务的情况，以及各个区域的薄弱环节，再根据各个区域的不同特点、不同情况展开营销活动。由此，就能将郑州富达丰田的服务资源用在最可能产生回报的区域，发挥客户群管理优势。

作为销售人员，同样可以学习郑州富达丰田的这种客户等级划分方法。在商品力相同的情况下，运用区域化划分，通过统计来分析出各个区域的特点和消费情况，进行精细化分析，就能尽快找出最好地维系客户的方法。这样做还有利于销售流程，因为每个客户或者每一类的客户对企业利润的贡献是不一样的，最常见的准则就是20%的客户给企业带来80%的利润。

所以，从企业盈利和承受力的角度来说，我们绝不能对所有的客户都一视同仁，而应该根据客户对企业的重要性采取不同的策略。在企业的服务资源有限的情况下，要优先服务最有价值的客户，为最有价值的客户提供特别的服务，提高他们的满意度和忠诚度。销售员也要更关注这些客户的需求动态，利用客户信息推动战略性的市场营销，增加公司的投资回报率，降低客户交易的成本，从而使企业的盈利能力最大化。

当然，估计客户购买力、划分客户群的方法还有很多，以下是几种常用的客户评估方法：

1.金字塔模式

整理一段时间内的客户交易额，按照给你带来的利润对客户进行排名。主要可以分为以下几种：

超级客户——在客户排名中最靠前的1%。

大客户——在客户排名中接下来的4%。

中客户——在客户排名中再接下来的15%。

小客户——在客户排名中剩下的80%。

非积极客户——指的是那些可能已经有一年没有从你那儿购买产品，但之前你为他们提供过服务的客户，而在接下来，他们还有可能购买你的产品或服务。

潜在客户——指的是那些虽未购买你的产品或服务，但已经和你有所接触，对你的产品或服务有较好的耳闻的客户。

疑虑者——指的是有购买需求，但对你的产品或服务还没有全面认识的客户，这类客户是销售人员应尽量维护和开发的。

其他——是指那些对你的产品或服务永远没有需求或愿望的客户。

2.分类新增客户

对目标客户的准确定位，对于寻找合格的潜在客户能起到事半功倍的效果，也是产品销售的前提。为此，销售人员要不断记录每日新增客户，并且将新增客户进行有效分类，可以提升工作效率30%。具体来说，可以将目标客户分为三类：

A类客户：有明显购买意图的客户，是优先考虑拜访的重点客户。

B类客户：有购买动机和购买行为，但时机尚未确定，优先考虑拜访前类客户，后进行跟进。

C类客户：是否购买尚有疑问，处理前二类客户后，有时间再安排跟进。

3.察言观色，判断购买力

根据人们收入的不同，购买能力也不同。比如，你的产品是奢侈品，大多数年轻人都喜欢高档消费，但是月工资只有1000元的人是没有能力购买的。而那些高收入的金领或老板，则具有较高的购买能力。假如你的产品是家庭方面的，那么，家庭主妇则是最具有购买能力的。

一般来说，穿戴服饰质地优良、式样别致的客户，应该有较高的购买能力。而服饰面料普通、式样过时的客户多是购买力水平较低、正处于温饱水平的人。推销员通过观察客户的服饰打扮，大体上可以知道客户的职业、身份及购买力水平。

俗话说："知己知彼，百战不殆。"做销售也是如此，销售员应该对客户有一个全面的、整体性的评估。从公司数据库、上司、同事和你所有的关系网中调出客户的相关信息，然后对这些信息进行认真综合分析。只有对客户进行全面的分析，站得更高，才能看得更远。

第4章

对手定位,知己知彼才能在商战中百战不殆

在营销中，与顾客成功接洽并完成购买，是每个推销员的愿望，但这中间不只有顾客的顾虑、异议乃至拒绝，还有第三方因素，也就是竞争对手的干扰。而这无形中也给我们的营销工作增加了难度。此时，做好竞争对手的定位工作尤为重要。我们需要掌握竞争对手在各细分市场上的竞争实力和市场占有率的高低，以便更好地发挥自己的竞争优势，选择最有效的目标市场。并且，我们还需要比竞争对手更了解顾客的需求和欲望，这是留住最佳顾客的基础。只有如此，才能创造出比竞争对手更大的竞争优势。那么，具体如何做呢？这就是我们在本章中要探讨的内容。

了解同类竞争对手，做到百战百胜

现代社会，在浩瀚无边的商海中，各式各样的产品充斥在人们的视野中。而拥有最终选择权的消费者又因为喜好、消费观念、经济实力等问题各有偏好。于是，看似平静的商业航道往往暗流汹涌。而作为冲在航道最前面的营销人员，如果前期没有对整个市场进行深入细致地了解和调查研究，哪怕你再有经验，也难免会迷失航向。此时，市场调研便成了广袤海面上一盏高照的导航灯，帮助我们寻找前行的方向。而这场细致的市场分析中，最重要的莫过于对竞争对手的了解。古人云："知己知彼，百战不殆"，对竞争对手做到细致入微地了解，才能帮助我们作出更全面的销售决策，才能帮助我们抵御来自竞争对手的"攻击"。

斯蒂文是某品牌橄榄油的中国总市场营销总监，虽然这种橄榄油已是国际市场的著名品牌，但因为其在国内市场尚不具备一定的知名度，因此，斯蒂文仍将其视作一个刚进入市场导入期的新产品，并为此安排了为期两个月的市场调研活动。

这样做有两个好处，一方面，这为他们进行全国市场的开拓奠定了基础，另一方面，为他们的加盟专卖店及经销商进行了示范，使他们能为其提供有针对性的指导。

为期两个月的市场调研活动结束后，斯蒂文开始了这种橄榄油的试营业。但一个月下来，业绩令斯蒂文大跌眼镜，居然离自己预料中的销售业绩相差甚远。

到底是什么地方出了问题？一次，在开会时，一个下属提到"竞争"一词，这一词惊醒了斯蒂文，原来是这样！于是，接下来，斯蒂文重新筹备了一次市场调研，这次调研，他强调一定要多从同行业竞争对手着手。果然，在新的调查报告中，他发现很多自己以前没发现的关于国内这个行业的竞争问题。

后来，斯蒂文重新制定了一份销售计划。这份计划综合考虑了很多情况。在接下来的试营业阶段的销售额，证明了斯蒂文这一调整的正确性。

这起案例中，从销售总监斯蒂文调整销售计划这件事上，我们能看出市场调查中对竞争对手的了解的重要性。市场调查中，我们要做到科学、系统、严谨，越是全面的市场调查，越是能帮我们做出全面的销售战略，从而使其在后面各项营销决策中发挥举足轻重的作用。

那么，关于对竞争对手的了解，我们需要做些什么呢？具体如下：

1.竞争状况调查

①宏观竞争状况的调查。主要指现阶段的竞争格局，是自

由竞争还是垄断？是多头垄断还是群雄逐鹿？在这个行业坐标系中，我的坐标点在哪里？在这个位置，我应该选定什么样的竞争目标和竞争策略？是目标集中、差异化还是低成本领先？

②主要竞争对手的调查。主要调查竞争对手的产品状况、技术状况、价格状况、盈利状况等。在这些方面的调查中，可以设置一些能够量化的指标，确定指标权重，然后根据各指标比较结果描绘出自己相对于竞争对手的优势和劣势，从而选择正确的市场策略。

③潜在竞争对手和替代品的调查。通过对潜在竞争对手的数量、规模、发展变动方向等方面的调查，对替代品的现状和发展趋势的调查，明确自己当前所面临的威胁和挑战，从而在营销战略、产品开发、行业介入等方面避重就轻，准确决策。

2.竞争对手调查项目准备

依据经验，营销人员要想做好竞争对手调查项目，需平时做好对行业排名靠前企业的动态信息的长期跟踪积累。其中包括：

①在跟踪调查一段时间后，要有实效。比如，你要明确勾画出各个跟踪对象的业务管理模式，并以此为基础，对该对象的动态信息进行有效归类管理。

②收集企业行为和市场表现的有关资料。每个企业在管理和经营上都有自己的特点，而这些特点通常都外显在市场行为上。

③在多数工作中，在收集信息时，需要考虑信息的表现形式和资料分析，如果不能进行分析，一个满是信息的数据库也没有用：原始信息本身没有多少价值可言，唯有处理这些原始信息的能力才会产生价值。

④竞争对手信息来源有多种途径，常用的信息渠道包括：供货商、客户、政府统计、银行、投资银行等。需要指出的是，在获得这些信息的同时，你应该注意：应慎用行业分析文章、行业年度报告；至于在商业杂志、报纸等媒体上发表的企业公关性文章则往往夸大其词，目的是提升企业在公众心目中的形象。另外，对于相对不够成熟的行业来说，统计资料的可靠性较差。所以，需要仔细考察信息的来源，并从中发现事实。

⑤在大量占有和综合分析案头资料数据的基础上，调查机构才能更好地理解客户的调查目的、内涵和外延，为实地调查创造良好的条件。

总之，在对竞争对手的了解上，我们如果能做到：列出谁是竞争对手、描述竞争对手的状况、掌握竞争对手的方向、"破译"出竞争对手的战略意图、引导竞争对手的行为，那么，就能对竞争对手做出一番比较全面的了解。

第4章
对手定位，知己知彼才能在商战中百战不殆

锁定竞争对手，巧妙渗透到客户

我们都知道，对于营销人员来说，客户的多少直接影响着产品的销量和自己的业绩。如果不去建立新客户，客户只会越来越少，因为没有天上掉馅饼的事。同时，销售行业竞争日益激烈，作为企业生力军的推销员，也应该认识到从竞争对手那里得到客户是寻找潜在客户的一种方式。但是，当我们与竞争对手的顾客接触时，他们普遍会有以下的一些反应："我已经从你的竞争对手那里得到一个很好的价格了。""你所提供的产品及服务都很好，但是我很满意我现在的供应商。"而这就给我们的销售员带来很大的挑战，如何才能扭转局势呢？

小王是甲食品公司的推销员，他人缘不错，经常因为生意关系和客户交朋友。他曾经认识一个食品经销商李先生，因为受过小王的帮助，两人关系很好。

李先生同时也是乙食品公司的经销商。这天，李先生到这个食品公司要求做产品广告，以提高该产品的销售效率。这个公司的秘书冯小姐一见李先生进来，忙将手中的资料放进抽屉，进了经理办公室。

李先生等了约五分钟不见冯小姐出来，就站起来四处走走，蓦然间发现冯小姐没合眼的抽屉里放着一份产品促销策划书。冯小姐终于出来了，她告知李先生公司暂时没有做广告的

打算。

第二天，李先生便来找小王。寒暄过后，李先生问小王："乙公司最近有没有什么动静？"小王摇了摇头。"没动静就表示有大动作。昨天，我到他们公司去办事，无意中发现他们正在做产品促销策划……"小王忙将此事告诉了经理，经理马上召开紧急会议，连夜赶了份促销策划书，促销活动比乙公司提前一步进行。活动当天，有许多乙甲公司的客户参与并签订了购货订单。

案例中，我们发现，推销员小王是幸运的，他和客户交朋友，让客户主动地为自己传递情报，从而帮助自己轻而易举地从竞争对手那里得到客户。当然，除了这种方法外，我们从竞争对手那里得到客户的方法还有很多，但无论如何，我们需要首先做到以下三点：

1."知己"还要"知彼"

推销员在推销产品之前，除了要"知己"，还要"知彼"。也就是说，除了要对自己的产品有很深的认识外，还应充分了解竞争对手的产品及销售情况。只有洞悉出对手的弱点，才能在竞争时，攻其要害，成功抓住争夺客户的机会；相反，你如果太过盲目，不但争夺不到竞争对手的客户，还会让客户对你的产品产生怀疑，影响公司的形象。掌握对手情况主要是掌握对手的售后服务和发展速度、产品的真正价格、对手在销售中的弱点等。

那些聪明的营销人员，一般会从竞争对手招聘推销员的广告中了解对方推销员流失的程度，然后抓住这个机会拉拢对方的客户。也有这样一些销售员，为了获取对手信息，他们会假扮成对方的工作人员或者招聘人员，以便从中得到有利于自己的销售信息。这里，我们需要提醒的是，后者是一种不道德的竞争方法。

2.超越竞争对手

提到这个问题，可能一些销售人员会认为，只要产品质量过硬就可以。的确，这点至关重要，但除此之外，我们还必须为客户提供完善的售后服务。售后服务，顾名思义，就是产品售出后的服务。任何一个产品的卖出，并不代表销售的结束，而是销售真正的开始。推销员要想争夺到竞争对手的客户，售后服务的质量是关键。如果售后服务做得不好，客户迟早会离你而去。

小陆和小陈是家电推销员，主要销售电视机、洗衣机，虽然二人做着相同的工作，但销售业绩却大相径庭。

每次客户要货，小陆都会亲自送货上门，并按客户的要求放到客户认为最合适的位置。如有客户告知需要维修，小陆就会及时赶到，快速高效地修好；而小陈同样也实行送货上门服务，但每一次都是把货送到家门口甚至楼下就不管了。客户要求上门维修，他也迟迟不愿照面，经过三催四请终于来了，却修理不到位，修好的电视没多长时间就又开始出现毛病了。

凑巧，小陆的客户和小陈的客户住得不远，有一次，闲聊的时候，话题就扯到家电上面。小陈的客户一听小陆客户的介绍，感叹万分，经过介绍，小陈的客户见到了小陆，并亲身体验了一下他的售后服务。从那以后，小陈的客户每次遇到亲戚朋友需要购买电器时，都会把他们介绍给小陆。前不久，他的儿子结婚添置的家电产品几乎都是从小陆的公司买的。

3.利用竞争对手的调整期，巧妙渗透挤进

世间万物都在不断地进行着变化，企业也是一样。几乎每家企业每年都要进行机构或人事调整，作为推销员，要想争夺竞争对手的客户，此时是一个大好时机，因为企业调整期或制度不完善或人员不到位，出现漏洞，容易渗透挤进，占领客户。

我们如果能做到以上三点，那么，也就不愁从竞争对手那里挖不到客源了！

悉心维护老客户，不给竞争对手可乘之机

作为销售员，我们都知道一个道理，在我们的客户群体中，老客户的作用至关重要。他们不仅为我们提供源源不断的

新客源，还是我们产品的忠实支持者，是长期的财富来源。但事实上，销售行业竞争日益激烈，如果我们不能随时与客户保持联系，了解客户的最新需要，我们的老客户就很有可能叛离到竞争对手的"旗下"。因此，我们一定要把防止老客户流失作为销售工作与自身发展的头等大事。

作为一名销售员，一定时刻都不要忘记你的客户，也不要让客户忘记你，一次交易的完成不代表销售的结束，而是下一次交易的开始。用心去经营客户，时刻关注客户的最新需求，你才能永续经营，否则就会让这些老客户叛离到竞争对手那里。

小林是一家原料公司的市场专员，其客户主要是当地的一些工厂。他很善于和这些工厂的负责人打好关系，所以，生意往来也一直维持了好几年。但有一次，要不是小林发现及时，他就差点儿失去一个老客户了。

有个厂家原本位于市区，但因为工厂污染的关系，必须搬到市郊。当时，小林的竞争对手知道这件事之后，就直接找到工厂的经理，表明如果购买产品，可以不加运输费。原料供应的运输问题一直是这位经理的心病，听到这位销售员这么说，当然很高兴，并表明愿意和他谈谈。

这天中午，小林和一位朋友吃饭，这位朋友无意中提到："××工厂要搬到远郊去，你应该知道吧，他们可是你的老客户……"小林一听，不觉说出："坏了，肯定有一些竞争对手会从运输费用上打主意，我得尽快和王经理谈谈。"

当小林赶到该工厂的时候，工厂的工人已经开始搬运机器了。这时，小林灵机一动，主动走过去，帮助工人搬起了机器，当机器全部搬到运输车上的时候，他也和这些工人一起，去了新厂子。而这些都被王经理看在眼里，随后，王经理就给上午与自己见面的销售员打电话："幸好我没和你签合同，不然，我就对不起我那老朋友了。"

最终，小林保住了自己的老客户，他对王经理承诺：运输费用不加一分钱。

案例中的销售员小林因为事先没有对客户的最新情况进行了解而让竞争对手钻了空子，但可喜的是，他能及时采取措施，在客户搬离的当天，以一个老朋友的身份出现，帮助客户搬运工厂，从而让客户回心转意，挽回了与客户的生意。

那么，要想防止老客户叛离，我们该如何做呢？

1.与老客户经常联系，了解其产品使用状况和最新需求

维护和客户的关系，最基本的方法就是经常回访客户。销售员通过电话、上门等方式回访，更会提高其满意度和信任度。信任产生后，当其他销售员再向其推销产品时，他们就有"免疫力"了。在回访老客户时，销售员应该注意以下三点：

①了解老客户使用产品的情况。

②了解老客户近期是否有新的需求，从沟通中寻找新的销

售机会。

③向老客户宣传、推介新产品。

2.建立一套完整的客户管理体系

我们发现，那些销售高手都有一套自己的客户管理体系，他们除了对准客户及时备案外，还会经常对老客户的新信息进行补充，这样就不会漏掉任何一个老客户。此外，建立完整的客户管理体系的作用还有：

随时查询客户与公司之间的业务往来；

积累信息反馈；

使客户管理更加轻松。

可以规定向老客户投入精力的比重，并对所有客户的投入力度有个划分，还可以对老客户的一些数据进行汇总、分析，提供真实的依据。

3.为老客户提供最优质的服务

对老客户来说，最吸引他们的可能并不是产品，而是你提供的服务。你提供的服务越贴心、越优质、越个性化，老客户对你的忠诚度才会越高。发自内心地为他们提供周到完善的个性化服务，更能打动他们。比如，我们可以从以下几个方面为老客户提供服务：

①对产品进行定期检查维修。

②在节假日送去问候：无论什么节日，只要是喜庆值得庆祝的日子，就给客户发去祝福，让客户知道你一直都在想

着他。

③赠送内刊：我们可以把印有老客户的优秀事迹刊登在本公司的内刊上，寄给他们。这不仅能提高客户的忠诚度，还能宣传企业文化和公司品牌。

总之，老客户虽然与你生意交往密切，但这只能说明你们之间的合作关系很好。然而，要想和客户建立更加紧密的合作关系，让他对你更忠诚，那么，就要投入自己最大的热情，常与老客户保持紧密的联系，进而了解老客户的最新需求。

营销中，诋毁竞争对手是大忌

当今社会，无论哪行哪业，都存在着激烈的竞争，尤其是营销行业。是否具有竞争力，能否让客户选择自己的产品，事关营销人员的业绩乃至企业的生存。在推销的过程中，销售员难免谈及竞争对手的产品，此时，销售员的评价一定要客观、公正，不能一味地贬低，更不能恶意诋毁，说竞争对手的坏话。其实，销售员如果能在客户无意识的情况下顺便点出竞争对手产品的缺点，则会达到对比的效果。

一天，某电器商场来了一位年轻的小姐，转悠半天后，她的脚步停在了一款小型吸尘器前。

导购："小姐，请问我有什么可以为您服务的？"

第4章 对手定位,知己知彼才能在商战中百战不殆

顾客:"听说,你们在吸尘器这一块做得不错。"

导购:"是的,请问您是想买吸尘器吗?"

顾客:"我随便看看。"

导购:"哦,那你看看这款吸尘器吧,这是我们今年刚从国外引进的吸尘器,无论是家居还是车载,都很方便。"

顾客:"进口的?那一定很贵吧?"

导购:"这是德国××品牌旗下最有名的产品,售价是2500元。"

顾客:"不是吧,这么贵!这种小型吸尘器,一般最多卖到1000元,网上也只卖几百元,我刚刚也看过几款,最高的也没超过1500元。"

导购:"您看的质量怎么能和这种国际品牌比呢?一分钱一分货。"

这位小姐一听,头也不回地离开了。

从这则案例中,我们可以看出,原本这位顾客对该品牌的吸尘器很感兴趣,但最终却选择离开,这是为什么呢?原因很简单,顾客称产品贵,这名销售员不但没有进行挽留,反倒说:"您看的质量怎么能和这种国际品牌比呢?一分钱一分货。"这样说,不仅否定了顾客的眼光和欣赏水准,还贬低了竞争对手的产品,让顾客觉得这位销售员素质不足,自然会选择离开。

任何一位顾客在购买产品的时候,都会对同类产品进行

对比，此时，如果我们采取诸如"那您去买便宜的吧。""那家东西质量不行。"之类的消极回应方式，都会让顾客放弃购买。那么，面对这种情况，我们该如何应对呢？

1.随意批评竞争对手的产品，无异于侮辱顾客的智慧

出于自我保护的目的，很多人面对敌人和竞争对手时，总会本能地排斥。销售行业也一样，有些销售员在对客户介绍产品的时候，也会忍不住将自己的产品与对手的产品比较，于是，批评就在所难免了。这种做法看似明智，实质上是亵渎了客户的智慧，因为在你批判别人产品的同时，客户其实也在内心批评你。要知道，告诉客户"如果你买那家的东西，你的做法就是不明智的"，而客户则会得出一个结论："还轮不到你来教我做事。"

有些客户比较热情，会提出自己曾经在哪家买了不好的产品。此时，你即使知晓内幕，也不要附和，因为你们在谈话中提及的任何有关同类产品的负面评论，都有可能被客户混淆为是你的产品的缺点，到时候就更得不偿失了！

2.得体地称赞竞争对方的产品

真正优秀的销售员一般都会对自己所销售的行业有很透彻的了解，对竞争对手的产品的优缺点也有大概的了解。俗话说："知己知彼，才能百战百胜。"这句话是有道理的，充分了解竞争对手的产品及销售情况，在争夺客户时，才会得心应手，比较容易抓住销售机会。但是，这并不是让销售员对竞争

对手的产品进行诋毁等，相反，销售员应该适当称赞对方的产品，这会让客户对你的人品和胸襟产生一种敬佩之情，对产品也就产生了信任感。

3.评价竞争对手的产品要准确且客观

销售员要记住，你介绍产品的最终结果是为了推销自己的产品，因此，不必把过多的目光放在竞争对手的产品上。另外，言多必失，简单、客观、准确地评价对手的产品即可。同时，在介绍自己的产品时，销售员应该实事求是地介绍，让客户不仅买得放心，用得也舒心。

所以，无论客户怎么不认可我们的产品，我们都不能诋毁其他品牌的产品。当然，我们在向客户介绍自己产品卖点的时候，可以适当指出其他产品存在的一些不足之处，但一定要注意分寸，不要有任何的针对性。

突出产品卖点，才能跑赢竞争对手

随着经济的发展和科技的进步，无论哪行哪业，市场都在进一步扩大，随之而来的也就是市场竞争越来越激烈。尤其是在营销行业，客户都会同时与几家销售公司保持联系，希望从中找到能为他们提供物美价廉产品的合作公司，许多时候，我们稍不留神，竞争对手就会乘虚而入。一旦竞争对手同客户签约，我们之前所做的一切努力都将白费。在如此激烈的竞争中，我们要想留住客户，就必须学会用我们产品的卖点跑赢对手。

小吴是一名电话软件推销员。这天，她去拜访一位科贸公司的经理，这家公司人脉广泛，小吴希望通过与这家公司的合作，打开自己在这一领域的销售局面，但在与这位经理交流的时候，却与他产生了不同的意见。

客户："实话说，我觉得你们公司的报价太高了，其他公司相对便宜些。"

销售员："报价太高了？您这样认为吗？"

客户："是的。"

销售员："不过，我想您应该不会反对我与您进一步展开合作吧？"

客户："那倒不至于，可是我为什么要买贵的呢？"

销售员："如果我们觉有机会再次合作，难道您不觉得我们可以帮助您建立更广泛的客户群吗？"

客户："很有可能。"

销售员："您想，我们平时买质量优质的手机和传真机，都是为了拥有更好的通话质量，对吗？如果我们的产品通过与您的合作被更多人使用，那么，那些受益者第一个想到的就是贵公司的名字，对吗？"

客户："那倒是这么回事儿。"

销售员:"所以,我们可以进一步想,花稍微多一点点钱,就能获得更好的收益,这很划算,不是吗?而相反,买了便宜的,但质量得不到保证,这不是因小失大吗?"

客户:"这倒是实话。"

销售员:"那么,您不反对我们通过和您的合作帮助更多人建立起一套更实用的电话系统,是吗?"

客户:"是。"

作为销售工作成败的决定者,只有在谈判中突出自己产品的卖点和优势,才能获得掌控销售进程的权利,进而决定销售工作的前进方向。那么,成功将产品卖出去也就不再困难了。

一个完整的产品包括很多方面:价值和附加值、性能与卖点等。因此,当客户已经了解产品的相对稳定和普遍的价值与性能时,销售员要着眼于产品不同于其他产品的优点与性能介绍,这样,我们的产品优势也就显现出来了。也就是,销售员一定要让客户了解到产品的卖点。在介绍产品时,要把产品的特征转化为产品的益处,如果不能针对客户的具体需求说出产品的相关优势,客户就不会对产品产生深刻的印象,更不会被说服购买。如果针对客户的需求强化产品的益处,客户就会对这种特征产生深刻的印象,从而被说服购买。

1.学习有效阐述产品卖点的几种方式

一般来讲,无论销售人员以何种方式向客户介绍或展示购买产品的好处,都会围绕以下几个方面展开。

(1)省钱

(2)方便

(3)安全

(4)关怀

(5)成就感

针对这些方面,销售人员要根据不同的客户采用下面不同的说明方法。

(1)"产品先进的技术会给您带来巨大的效益。"

(2)"方便地使用方法会给您节约大量的时间。"

(3)"这种产品可以更多地体现您对家人的关心和爱护。"

(4)"产品时尚的外观设计可以体现出您的超凡品位。"

当然,销售人员应该注意的是,说明产品的卖点时,必须针对客户的实际需求展开。如果提出的产品卖点并不符合客户的需要,那么,这种产品的性价比再高,也不会引起客户的购买兴趣。

2.突出产品的优势与卖点

当客户说出愿意购买的产品条件时,销售人员要将自己的产品特征和客户的理想产品进行对比,明确哪些产品特征是符合客户期望的,客户的哪些要求难以实现。在进行一番客观的对比后,销售人员就能有针对性地对客户进行推销了。

①突出产品的卖点与优势。销售人员要强化产品的卖点

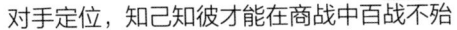

与优势，对客户发动攻势。如："您提出的产品质量和售后服务要求，我公司都可以满足您，一方面，我公司的产品的特点在于……另一方面，我公司为客户提供了各种各样的服务项目，如……"在强化产品优势时，销售人员必须保证自己的产品介绍是实事求是的，并且要表现出沉稳、自信和真诚的态度。

②弱化那些无法实现的需求。销售员要客观地表达产品存在的不足，因为客户也明白，任何产品都有其无法实现的要求。对此，销售员要真诚地表现出来，但要尽量弱化。比如，销售员可以这样做：

其一，提差价，淡化付出。这种方法适用于很多产品的推销。如："只要多付1000元，您就可以享受到纯粹的海南风情。"

其二，消减客户购买的成本。这要求销售人员对自己的产品要有较深的理解，并且这种理解符合大多数人的生活习惯。如："您只要每周少抽一包烟，购买这个产品的钱就出来了。""您只要每天花两毛钱，就可以让您的容颜停驻十年。"

下篇
财富定位

第5章

人贵自知,正确的致富心态是要先正确定位自己

古人云："人贵自知。"无论做什么事，最重要的是先了解自己，我们要想致富也是如此。一个人只有全面地认识自己，了解自己的兴趣、特长、性格、常识、技能、智商、情商、思维方式、思维方法、道德水准等，才能真正调整好心态，并找到适合自己的致富路，才能对自己的目标作出最佳选择，从而制订出最明智的赚钱计划并真正赚到财富。

认识自己，了解自己的性格类型

我们每个人从出生起，就在不断认识世界、接受外在世界赠予我们的一切，我们学会了很多，包括科学文化知识、审美、与人相处等。但在这个过程中，我们却很少认识自己。实际上，我们总是在逃避认识自己，因为认识自己，就意味着我们必须接受自己"魔鬼"的一面，这对于我们来说是痛苦的。但我们如果想实现自己的理想、成为更优秀的自己，就必须认识自己，就像剥洋葱一样，寻找到最本真的自我。

生活中，人们常说："知己知彼，百战百胜。"一个人只有看到自己的性格盲点、优点，才能有更好地表现。其中，在致富过程中，了解自己的性格类型，有助于我们找到适合自己的致富方式。比如，那些性格急躁的人，也许就不适合做一些长期的致富项目。

曾有人指出：性格是一个人最看不见的本质。关于性格，心理学家也曾进行了一番分析调查和测试，并做出了归纳，指出人的性格大致可以分为九种。接下来，你不妨找出自己的性格类型。

1.毫无烦恼、快乐无忧——外向者

你崇尚自由自在、无拘无束的生活，在你看来，人生就应该追求快乐和自由，就应该尽情地享受每一刻。你充满生命力，喜欢追求新奇的事物，你向往改变，总为那些不断变化的事物感到惊喜。

2.谨慎、小心，待人温和——外向者

你性格温和，很容易交到朋友，但你也喜欢有自己的空间，不喜欢总是被朋友环绕。在聚会上，你常常会在吵闹中寻找自己的一片静地，或者在喧闹中思考自己的人生意义，并且，你很享受这样的生活方式。但这并不意味着你是个孤独的人，你对自己的现状很满意。

3.勤恳、踏实、思维敏捷——内向者

你是大家眼中最真诚和自然的人，你喜欢那些淳朴的、自然的事物和人。在人们眼里，你做事踏实稳重、值得信赖，能够给予周围的人安全感，与你相处，会让别人感到温暖。你不喜欢那些俗气的、被包装的东西，对那些赶时髦的东西也是不屑一顾。

4.前卫、独立，不受拘束——内向者

你向往自由、独立的生活，无论是工作还是生活，你都希望能与艺术有关。也许你会为了追求自由而做出一件出人意料的事，但不会去做那些庸俗的、追逐潮流的事。你会根据自己内心所想去生活，即便与其他人格格不入。

5.善于自我反思，是一个思考者——内向者

对于周围的生活，你能比其他人更有掌控性，因为你总是让自己处于思考中。那些肤浅的东西，常常不能入你的法眼。有时候，你宁愿一个人静静地思考，也不愿意加入无聊的谈话中，但你却有一个或几个关系十分要好的朋友，这使你几乎很少感到孤独和寂寞。

6.中肯、客观、自信——中性者

你很少对未来的生活抱有幻想，遇到问题，你也不会沉浸在悲痛和无奈中，而会积极地寻找解决的方法，因为你更相信自己的能力。对于日常生活，你也能应对自如。周围的人也总是信任你，因此也愿意让你担当大任。对于正在追求的事业，你总是信心满满，并且，在没有达到目的之前，你是不会放弃的。

7.爱幻想、浪漫主义者——外向者

你思维感性，不喜欢用理智来思考事件，在你看来，感觉重于一切。你不喜欢总是被理智左右的人和事。

8.自信、可信、分析能力强——中性者

你对事物总能保持一份高度的敏感，那些被别人忽视的东西也总能被你察觉到，这是你与众不同的地方。你重视教养，喜欢优雅而愉快的生活，你对所谓的潮流不感兴趣，并且，你希望周围的朋友也与你相同。

9.有活力、好动——外向者

你好像总是充满力量，你喜欢冒险的生活，你认为那是刺激的、有趣的，能给你注入新鲜血液，这样的工作也让你觉得富有挑战性。相对来说，那些按照正常程序走的工作会让你感到无聊。

总之，从心理学的角度看，一个高尚的人，总是能看透他人，也能看透自己。因为一个人只有先了解自己的个性和性格类型，才知道自己适合做什么，也才能有针对性地克服人生路上遇到的问题，才能获得财富，获得成功。

致富，千万不要有不劳而获的心态

生活中，大概我们每个人都有懒惰的心理，一些人甚至希望不劳而获、一劳永逸，所以面对不劳而获的机会，人们都会努力抓住。然而，不劳而获是什么结局呢？接下来，我们先来举个例子说明：

曾经有一个养殖村，这个村子里的村民基本上都以养猪为生。

一次，村里的猪圈被邻村的人破坏了，几头猪跑了出去。这些猪经过"放养"以后，变得很凶悍，人们很难捕捉到它们。

第5章
人贵自知，正确的致富心态是要先正确定位自己

一天，村里的一位老者说自己要把这些猪都捕捉回来，人们都嘲笑他，因为即使是村里那些猎手，也很难做到。然而，老人却做到了。

老人是这样做到的：他首先找到这些猪经常出没的地方，然后在空地上放少许谷粒当诱饵。刚开始，这些猪还有点儿聪明，都不靠近这些谷粒，但几天之后，它们发现这些空地是安全的，便把那些谷粒都偷吃了。随后，老人又在空地多放了些诱饵，只是在几尺远的地方竖起一块木板。这些猪一看到木板，就"撤退"了。但面对那些诱人的谷粒，它们还是经受不住诱惑，于是，它们又回来了。此后，老人每天都会在谷粒旁边多加几块木板，看到这些木板，这些猪还是会远离一阵子，但最后都会再来"白吃午餐"。最终，围栏也做好了，陷阱的门也准备好了。最终，这些猪因为不劳而获而被老人重新捕捉到围栏里。

这里，我们都会取笑猪的愚蠢，也会明白一个道理——不劳而获是不可取的。同样，在致富中也是如此，我们每个人都绝不可有一夜暴富的心态。诚然，确实有一些人因为机缘巧合获得了财富，我们或许会心生羡慕，但我们不曾明白的是，他们也付出了艰辛，经过了失败的痛苦等。但即便如此，世界上还是没有不劳而获的事。

老子的《道德经》第三十六章中曾有这样的记载："将欲废之，必固兴之；将欲夺之，必固与之。"主要意思是：想要

废去它，必先抬举它，想要夺取它，必须先给予它。你想要得到什么，必须先付出什么。的确，没有谁能随随便便成功，也没有人能不劳而获，今天的成功就是因为昨天的积累，明天的成功则有赖于今天的努力。其实，真正的成功是一个过程，是将勤奋和努力融入每天的生活中，融入每天的工作中。

的确，今天不过去，明天就不会来到，再伟大的理想，如果没有一天一天的累积，也会倾塌。在生活中，输得最惨的往往是那些聪明人，而不是笨人。原因就在于笨人知道自己不够聪明，只能靠苦干、实干才能创造好的生活，最终他们如愿以偿。而聪明人做事时则不肯下力气，总想着耍小聪明，投机取巧，所以往往输得很惨。可见，智慧和实干比起来，实干更加不可或缺。

从前，有一位爱民如子的国王，在他的英明领导下，百姓丰衣足食，安居乐业。深谋远虑的国王却担心当他死后，百姓是不是也能过着幸福的日子，于是，他召集了国内的有识之士，命令他们找一个能确保百姓生活幸福的永世法则。

三个月后，这帮学者把三本六寸厚的帛书呈给国王，说："国王陛下，天下的知识都汇集在这三本书内，只要百姓读完它，就能确保他们的生活无忧了。"国王不以为然，因为他认为百姓都不会花那么多时间来看书，所以他再命令这帮学者继续钻研。两个月内，学者们把三本简化成一本，国王还是不满意。再一个月后，学者们把一张纸呈给国王，国王看后非常满

第5章 人贵自知，正确的致富心态是要先正确定位自己

意地说："很好，只要我的百姓日后都能真正奉行这宝贵的智慧，我相信他们一定能过上富裕幸福的生活。"说完，便重重地奖赏了这帮学者。

原来，这张纸上只写了一句话：天下没有不劳而获的东西。

生活中，总是有一些人，他们希望自己能得到命运的垂青，能快速发达，但他们却忽视了一点：做一切事都必须老老实实地努力才能有所成就。生活中的致富路更是如此，也需要我们放弃投机取巧的心态，实实在在地积累知识和经验。只要还存有一点儿取巧、碰运气的心态，你就很难全力以赴。

所以，任何人，千万不要梦想着一夜暴富，这些一夜之间发达的幻想，都是人们努力的绊脚石。我们需要记住的是，世界上没有不劳而获的东西，更没有免费的午餐，我们若想得到什么，就要为之努力，有付出才有收获。想要赚钱，就要摒弃投机取巧的心态，努力充实自己，一步一个脚印，最终才能收获满满的财富。

提高你的情绪管理能力

我们知道，一个人是否成熟的标志就是，是否能做到控制自己的情绪。比如，孩子们没有社会经验，根本不知道什么对

自己是有利的,什么是有害的,于是,他们高兴了就笑,伤心了就哭,生气了就闹。然而,等他们长大了,能对自己所做的事情负责以后,如果仍然这个样子,那么,他们的麻烦就会越来越多,会经常生活在苦恼里。

同样,无论什么类型的赚钱方式,要想真正获得财富,都必须善于管理自己的情绪。只有情绪平稳的人,才能做到无论盈亏,都淡然面对,做出正确的应对措施。所以,你需要知道,在致富路上,管理情绪可是一个重要关卡。

杰克是个多愁善感的小伙子,虽然才二十几岁,但已经显得老态龙钟了。他从来不与朋友一起出门玩,而是一个人坐在藤椅上,一言不发地凝神静思,有时还莫名其妙地唉声叹气。在长吁短叹中,杰克已步入中年。

有一次,他看一本心理学书籍,书中的主人公和自己太像了,好奇心驱使他继续看下去。书中,主人公向一个心理学家倾诉了自己的苦恼,而心理学家却一语道破了其中的原因:"你已经三十几岁了,但你有反思过过去吗?你过去之所以从未快乐过,关键在于你总把已经逝去的一切看得比实际情况更好,总把眼前发生的一切看得比事实更糟,总把未来的前景描绘得过分乐观,而实际却又无法达到。如此渐渐地形成了恶性循环,自然就陷入'庸人自扰'的怪圈了。"

看到这里,杰克才发现,自以为成熟的自己,其实一直在做不成熟的事。

第 5 章
人贵自知，正确的致富心态是要先正确定位自己

心理学家还说："人的性格弱点就在于好高骛远，总是向世界提出不切实际的要求。"这就是不成熟的表现。

情绪是一种生理应激反应，是人在受到外界事物刺激后的复杂心理变化。中国古代有诗歌这样描述："月有阴晴月缺，人有悲欢离合，此事古难全。"就是说自然界事物有变化，我们的内心世界也有起伏，月亮不会一直圆满，我们的情绪也不会一直良好。

那么，在赚钱过程中，你在多大程度上受理智的控制，又在多大程度上受情绪的支配？在这方面，人与人之间存在着很大的差异，这里面气质、性格、情绪、阅历、素养等都起着一定的作用。我们只有认清自己情绪的类型，发挥理性的控制，才能实现情绪反应与表现的均衡适度，确保情绪与环境相适应。

心理学家将人的情绪类型简单分为以下三个类型：

理智型：很少因什么事而激动，表现出很强的克制力甚至冷漠；对他人的情绪缺乏反应，感情生活平淡而拘谨，因此常会听到别人背后说你是"冷血动物"。你需要放松自己。

平衡型：情绪基本保持在有感情但不感情用事、克制但不过于冷漠的状态；即使在很恶劣的情绪下握起拳头，也仍能从冲动情绪中摆脱出来，因此，很少与人争吵；感情生活十分愉快、轻松。

冲动型：非常情绪化，易激动，反应强烈；往往十分随

定位思维

和、热情，或者感情脆弱、多愁善感；可能常会陷入那种短暂的风暴似的感情纠纷中，因此，麻烦百出；别人若想劝你冷静，是件很难的事。这里有必要提醒你，一定要克制自己。

那么，我们该如何认识到自己的情绪类型呢？以下几种方法有助于我们了解自己的情绪：

1.记录法

在对自我情绪的分析上，你要做一个有心人，你可抽出一至两天或一个星期，有意识地留意并记录自己的情绪变化过程。

你可以给自己列一个情绪记录表，内容包括情绪类型、时间、地点、环境、人物、过程、原因、影响等，连续地记录自己的情绪状况，之后回过头来看看记录，你就会有新的感受。

2.反思法

你可以利用你的情绪记录表反思自己的情绪，也可以在一段情绪过程之后反思自己的情绪反应是否得当，为什么会有这样的情绪？出现这种情绪的原因是什么？有什么负面影响？今后应该如何避免类似情绪的发生？如何控制类似不良情绪的蔓延？

3.交谈法

通过与你的亲人、朋友、同事进行诚恳交谈，征求他们对你情绪管理的看法和建议，看看别人眼中的你的情绪是怎样的。

4.测试法

借助专业的情绪测试软件工具，或是咨询专业人士，获取有关自我情绪认知与管理的方法建议。

总之，真正有所成就的人多半是理智的，他们的成功并不在于他有多少资金，而是在于他能正确地评价自我，了解自己的状况，然后采取正确的致富决策，因而，提升管理情绪的能力也是提升自己赚钱能力的重要方面。

致富路上需要不断完善自己

《心理暗示术》作者爱米尔曾说过一句流传至今的自我暗示名言："每一天，我们都要以每一种方式，让自己过得越来越好。"的确，我们常说的人无完人，是要告诉我们不可妄自菲薄，但并不代表着我们无需完善自己。事实上，我们做任何事，都应该有一颗追求完美的心，要致富也是如此。以投资为例，即便是你现在的收益率很高了，我们依然有进步的空间，也就是说，假如你现在已经是90分，你还有10分提高的空间。即便你做到了该赚的都赚了，不该亏地没有亏，还有很强的风险控制能力，那么，你现在是满足于现状呢？还是在追求更好的收益率呢？有没有在研究一种更简便、更有效的交易方法呢？

定位思维

对此，我们应该说："满招损，谦受益。""自负对任何艺术是一种毁灭，骄傲是可怕的不幸。"因此，现在的你无论是否是行业内的佼佼者，都绝不能骄傲自负，因为骄傲只会让你止步不前，只会让你在致富路上受阻。

因为家境贫困，再加上爸爸酗酒，所以小林的内心非常自卑。在初中时，记得有一次，小林作为班长带领班级的几个骨干出黑板报，因此耽误了晚上回家吃饭，为此，爸爸去送饭给小林吃。那天，小林的弟弟正好生病了，所以，爸爸去得比较晚，快上晚自习了才去。妈妈做了肉丝，用大饼包着让爸爸送给小林。

不过，让小林惊讶的是，爸爸居然还带了一罐八宝粥。要知道，小林和弟弟平时可是很少吃八宝粥的，所以，小林坚持没有吃八宝粥，让爸爸带回去给弟弟吃。虽然爸爸给小林送饭，小林觉得暖暖的，但是，小林还是很生气。小林很了解爸爸，只看了爸爸一眼，她就知道爸爸又喝多了，眯缝着眼睛，话也特别多。爸爸因为酗酒，总是和妈妈吵架，给小林带来了很大的心理阴影。看到爸爸醉醺醺的样子，小林根本不想搭理他，因而没好气地和爸爸说话。

后来，同学问小林，为什么爸爸对她这么好，还给她送饭，但是她却好像在生爸爸的气呢。小林无言以对，因为她不能告诉同学爸爸酗酒，给家庭带来了很大的伤害。就这样，小林变得越来越敏感和自卑，她总是问自己，为什么没有一个不

第5章 人贵自知，正确的致富心态是要先正确定位自己

酗酒的好爸爸呢？为此，她不仅无法从家庭中得到安全感，甚至觉得自己在同学们面前矮人三分，虽然她的学习成绩始终在班级中遥遥领先。几年的时间过去了，小林变得越来越沉默，她高中毕业后考进了一所师范院校。

在读大学期间，小林和几个同学辅修了心理学课程，渐渐地，她掌握了一些自我暗示的方法。每当她为爸爸酗酒的事感到自惭形秽时，她就暗示自己："每个人都是独立的，爸爸有他喜欢的生活方式，我是我自己，我应该自信起来。"时间久了，经常暗示自己，小林发现自己好像也有不少的变化。小林很喜欢写文章，结果老师发现了她优美的文笔，便鼓励小林参加文学社。小林担心自己不行，迟迟没有答应。直到又发表了几篇文章之后，她才鼓足勇气参加了文学社。进了文学社不到一年，小林就因为表现出色被大家推选为副社长。

在文学社中，小林因为才华横溢，所以很受同学和老师的推崇。加上一直在学习自我暗示的方法，渐渐地，她不再那么自卑。以前，因为爸爸酗酒，即使每次考试都是班级第一名，她仍然觉得在人前抬不起头来。现在，因为出色的表现、优美的文笔，小林慢慢地有了自信。随着年岁的增长，她意识到每个人都有选择自己生活的权利，别人可以建议，但是没有权力干涉。因此，她不再因为爸爸酗酒的事情而自惭形秽了。随着自信心的增强，小林意识到自己在文学方面颇有才华，而且，她不仅非常喜欢写作，还很喜欢阅读。在老师的引导下，她变

得越来越乐观开朗，不仅把文学社搞得有声有色，而且发表了越来越多的文章。大学毕业后，小林因为具有文学方面的才华，被学校保送某著名大学的中文系读研。

从这则案例中，我们看到了女孩小林从自卑逐渐走向自信的过程。在她小时候，因为父亲酗酒，小林的内心一直被自卑的阴影笼罩着，即便是全班第一名的好成绩，也未能帮她排解。幸运的是，小林后来明白只有自我完善才能克服自卑，并且，她找到了自己在文学方面的特长，就这样，她渐渐地有了自信，对人生也充满了希望。

其实，我们追求财富的过程何尝不是如此呢？我们在不断自我完善的过程中，收获的不但是对行业的运筹帷幄，还是满满的财富。

的确，人都是有自满情绪的，尤其是当自己取得了一定的成绩后，心态便会变得不一样，人的精神会沉浸于那种享受中，不会再努力地学习和工作，也就停止了进步。而在赚钱中，一旦停止进步，等待你的大概只有亏损了。

事实上，一个人的智慧总是有限的，我们若想完善自己，还可以借助他人的力量。比如，了解一下他人是怎样赚到第一桶金的，是怎样积累经验的，是怎样谈判的等，然后我们可以从中获得经验，为己所用。

第5章

人贵自知，正确的致富心态是要先正确定位自己

赚到钱了，一定要将财富用在正途上

有人说，在人类的灵魂里，同时住着魔鬼和天使，他们一直在角斗。魔鬼，一定代表罪恶。天使，一定代表善良。魔鬼与天使往往只是一念之差，一步之遥。那么，年轻的你，心里住着的是魔鬼还是天使呢？

洛克菲勒说："金钱可以用来做坏事，也可以是建设社会生活的一项工具。"确实，能否将金钱花得有意义，也在我们一念之间，为善还是为恶，是可以通过思维控制的。但善意的思考和恶意的思考自然而然就导致事物走向不同的结果。

给予是健康生活的奥秘。当你赚得财富的时候，如果你能将其贡献于社会，用于建设社会，帮助那些需要帮助的人，那么，你的内心一定能获得一份满满的快乐。在洛克菲勒的家信中，他讲述了自己曾做的一件有意义的事：

洛克菲勒的标准石油公司曾被西奥多·罗斯福先生开出一张巨额罚单，并下令公司解散，这确实让洛克菲勒很愤慨。他说："我相信我们所有的公司不是垃圾，我们有杰出的管理队伍、有充足的资金，我们可以抵御任何风险与打击，我们的财富将因它们健康的肌体滚滚而来。等着瞧吧！我们会有暗自窃喜的时候。"

后来，美国发生了严重的信贷危机，所有银行都排满了人，民众已经对政府失去了信心，联邦政府无力保证黄金储

备,华盛顿转而向摩根先生求助,但摩根无能为力。

此时,作为被人们称为"钱袋先生"的自己应该做点儿什么了。于是,他打电话给斯通先生,请美联社引用他的话,告诉美国民众:"我们的国家从不缺少信用,金融界的有识之士更以信用为生命,如果有必要,我情愿拿出一半的证券来帮助国家维持信用。请相信我,金融地震不会发生。"

终于,华尔街逐渐走出困境,洛克菲勒也受到了媒体和政府的高度嘉奖。就像《华尔街日报》评论的那样:"洛克菲勒先生用他的声音和巨额资金帮助了华尔街。"

洛克菲勒告诉自己的儿子,无论是报纸还是周围的人,都对那些在金钱上慷慨的人大加赞赏,但帮助别人,不是为了获得赞誉,而是为了获得良心的平静。

事实上,洛克菲勒一直是一个心系国家的人,在四十多年前,当大家都在为解放黑奴而战斗的时候,他因为公司刚开业而未能参战。这件事一直萦绕在他内心,让他良心不安,因为他认为当祖国需要自己时,自己未能尽一份力。而信贷危机时,他认为自己该出一份力了。

洛克菲勒并不因为自己的这一举动而自命不凡,因为他明白,自己是公民,而且有巨大的财富,所以他承担着比常人更大的社会责任,比拥有巨大财富更崇高的是,按照祖国的需要为祖国服务。

因此,他经常告诉自己的子女:"我们是有钱,但在任何

第5章
人贵自知，正确的致富心态是要先正确定位自己

时候，我们都不该肆意花钱，我们的钱只用在给人类创造价值的地方，而绝不能给任何有私心的人一点点好处。"

有人说，名誉和美德是心灵的装饰，如果没有它，即使肉体再美，也不应该认为美。洛克菲勒虽然拥有巨大的财富，但始终不忘自己作为一个公民和社会人的责任。正如他所说的，在国际社会需要帮助时慷慨解囊，是为了让自己安心。

或许你会认为，我只不过是个普通人，也只是赚了一点儿钱而已，哪里能和那些伟大人物相比？这里，你们需要明白的是，心志的磨炼和人格的提高都应源于日常生活，只要我们从身边做起，多关心国家大事、社会新闻，多关心慈善事业，多为他人伸出援助之手，那么，哪怕只捐出一块钱，哪怕只是简单地拾起了马路上的一片废纸，你也是高尚的！实际上，我们生活的周围一直都不缺乏那些为他人、为社会贡献力量的善良的人。

比如，2008年，汶川地震后，多少热血青年奔赴灾区，帮助那些深陷困境中的人们，支援灾后重建工作；很多创业者成为成功的企业家后，却不忘回馈社会，用自己的绵薄之力支持慈善事业；一些闹市中的青年，在忙碌之余，会带上自己的爱心来到孤儿院、敬老院，为他们带来欢乐……善良是人类与生俱来的本性。

的确，人的内心充满至深至纯的幸福感，不仅是在满足自我，更是在满足"他人"的时候，自己的观点也得到了认同。

定位思维

而且，聪明的人应该能注意到，奉献于他人并不只是对他人有利，还将有利于自己。

总之，金钱的作用是微妙的，它可以是罪恶的根源，也可以是善心的延伸。任何一个渴望获得财富的人，都要学会正确看待金钱，并将获得的财富用在正途上，这样，你不仅能得到美誉，还能得到良心的安宁。

第6章

洞悉富人的致富思维,你也能学会让钱生钱

在现代商业社会，一个人能不能生存下来以及生存状况如何，就看他有没有较强的竞争力。而你若想赚到钱，在竞争中获胜，那么，你要与人拼的不仅仅是财力、背景，还有头脑。洞悉并学习富人的致富思维，能帮你找到自己的致富方向。那么，富人都有哪些致富思维呢？接下来，我们就带着这一问题了解本章内容。

要做富人,先要有成为富人的强烈愿望

生活中,我们每个人都渴望获得财富,然而,不少人认为,致富是富人的游戏。事实上,没有永远的穷人,也没有永远的富人,你能成为怎样的人,关键就看你想不想拼搏,想不想学习。从真正意义上说,富人与穷人的区别就在于此。曾经有人说:"人们往往容易把原因归结于命运、运气,其实,主要是因为愿望的大小、高度、深度、热度的差别。"可能你会觉得这未免太过绝对了,但事实上,这正体现了心态的重要性。废寝忘食地渴望、思考并不是那么简单的行为。要做富人,你就要有强烈的成功的愿望,并不知不觉地把它渗透到潜意识里去。

只有千锤百炼,才能成为好钢。我们完全可以摆脱曾经消极的想法,成为一个积极向上的人。培养积极的心态,找到自己的目标,我们就能为现在的自己做一个准确的定位。洛克菲勒曾说:"我应该是富翁,我没有权利当穷人。"生活中,你如果想跻身富人行列、想实现自己的财富梦,就要有成为富人的强烈欲望。

然而,我们不难发现,生活中,不少人尤其是很多穷人

对财富有着一种偏执的观念,他们总是认为,拥有金钱就是罪恶的,事实上,坚守贫穷并不是一种美德,反而还会丧失为朋友、家人服务,为社会贡献的机会。

在洛克菲勒很小的时候,他周围的人很多都在接受拜金思想的影响,大家都怀揣发财梦,一个个涌向西部淘金,然而,洛克菲勒的母亲却是个很有自尊的人,她希望作为长子的洛克菲勒能扛起家庭的责任。自打那个时候起,洛克菲勒就立下誓言:我不能沦为穷人,我要赚钱,我要用财富改变家人的命运!当然,很多年后,洛克菲勒做到了。

成功后的洛克菲勒在教育子女时,也常常向他们灌输正确的金钱观——金钱并不是奋斗的最终目的,但金钱可以帮助我们更好的贡献社会。然而,在他的周围,总是有一些对金钱存在偏执观念的人。

我们都要看到金钱的正面作用,现代社会,金钱确实不是万能的,但哪没有金钱,却是万万不能的。如果一个人否定了金钱,那么,至少我们可以肯定的是,他便没有为家人、朋友、社会贡献的机会,也只能谈没有面包的爱情。

当然,要想拥有财富,你就要善于动脑,要运用智慧。当今社会,一切竞争都可以归结为头脑的竞争,因为头脑能催生出创意,能从根本上决定成功与失败。因此,你如果希望获得进步,希望在未来也和洛克菲勒一样有一番成就,那么,就要改变自己的认知和思维,对致富有远见,才能找到致富路,形成为有钱人。

另外，你还需要注意的是，追逐财富并不为过，但千万别为了赚钱而赚钱，你要让金钱当你的奴隶，而不能让你当金钱的奴隶。

金钱本身并不是罪恶的，只有把敛财当成人生目标，才是错误的金钱观，生活中的我们，都要趁年轻的时候努力挣钱，并让你的财富产生积极的意义，这才是有价值的人生。

生活中的人们，尤其是年轻人，即便现在的你是穷人，也不能放弃致富的愿望。要知道，生活中最大的危险不在于别人，而在于自身。一个人如果总是意志消沉、消极怠慢，那么，即使曾经的他有再大的雄心和勇气，也会被抹杀，他最终也会裹足不前，一生碌碌无为。我们要为自己的人生负责，每天做好一点儿积累，才有可能触及财富与幸福。

具体来说，我们要做到：

1.关注未来，不要满足于现状

独具慧眼的人，往往具备人们所说的野心，是不会为眼前的蝇头小利而停下追求梦想的脚步，他们一般是用极有远见的目光关注未来。

2.订立人生目标，早做个人理财规划

如果你是个刚进入社会的年轻人，对于未来，你要有清醒的认识。未来你要做的事有买房、买车、结婚、生子、子女教育、个人进修、休闲旅游、退休等，每一件事情都是人生必须经历的阶段，都需要一笔不小的开支。为了确保这些目标在不同的人生阶段都能够顺利实现，必须及早规划个人资产，给自己提供一个稳定的未来。你可以在金融理财师的指导下，建立科学的中长期目标，根据个人收入支出状况、增长比率及投资收益率等做一份个人综合理财规划。日常的财务收支紧紧围绕这一理财规划，以便在不同的人生阶段都能够顺利实现目标，无后顾之忧。

3.做好致富知识积累

任何一条致富路，都是一门学问，所以本身也是需要我们通过学习积累去获得的。以投资理财为例，事实上，没有人天生会投资理财，大多数都要靠后天的学习去掌握。

而学习投资知识的方法有很多，比如，我们可以通过书本知识，这是最基础的，也是最可靠和扎实的方法。不过，市场上的投资书籍五花八门，有心想要读几本来学习掌握一点儿知识，但不知道该从哪本开始读起，或者到底哪些才是有真材实料值得去研究的。

另外，全面的投资知识学习可以从以下几个方面展开：储蓄、债券、基金、保险、股票、外汇、期货、信托、黄金、房地产、典当、收藏等。

第6章
洞悉富人的致富思维，你也能学会让钱生钱

要想获得财富的垂青，必须抓住机遇

在日常生活中，我们常说："机遇总是留给那些有准备的人。"然而，机遇毕竟是机遇，是稍纵即逝的。如果直觉告诉你，"这次是机遇"，你就要抓住，毕竟直觉囊括了我们的经验、能力和学识，是给我们的最正确的启示，而一旦错过机遇，我们只能看着财富的宝藏被别人挖走。

据社会学专家预测，未来的社会将变成一个复杂的、充满不确定性的高风险社会，如果人类自由行动的能力总在不断增强，那么不确定性也会不断增大。生活中的人们，你应该意识到，各种变化已经在你身边悄然出现，勇敢地投身于其中的人也越来越多，而你如果不积极行动起来，缺乏竞争意识、忧患意识，安于现状、不思进取，如果还没被惊醒，就会被时代抛弃，被那些敢于冒险的人远远甩在后面。

被誉为中国红顶商人之一的陈东升，下海经商之前发现，在中国现阶段，最好的致富途径就是"模仿"，看外国有什么而中国没有，就可以做起来。很长一段时间，他总是在新闻联播最后一条看到类似的东西：某某在伦敦索斯比拍卖行买了一幅凡·高的名画。然后，电视画面上是一位50多岁的长者，站在拍卖台上，"啪"地敲一下槌子。他想，中国也有五千年的文化，有丰富的文化遗产，这个一定能做得起来。于是，他创办了中国第一家具有国际拍卖概念的拍卖公司——中国嘉德国

际拍卖有限公司。第一次拍卖，销售额就达1400多万元人民币。

很明显，陈东升的成功，是因为他接受了外来信息，抓住了机遇，并融会贯通成自己的东西。

英国新闻界的风云人物，伦敦《泰晤士报》的老板来斯乐辅爵士，在刚进入该报时，就不满足于90英镑周薪的待遇。经过不懈的努力，当《每日邮报》已为他所拥有的时候，他又把取得《泰晤士报》作为自己的努力方向。最后，他猎狩到了他的目标。

来斯乐辅一直看不起生平无大志的人，他曾对一个服务刚满三个月的助理编辑说："你满意你现在的职位吗？你满足你现在每周50镑的薪金吗？"当那位职员答复已觉得满意的时候，他马上将其开除，并很失望地说："你应了解，我不希望我的手下对每周50镑的薪金就感到满足，并为此放弃自己的追求。"

其实，在我们的生活中，大部分人与财富无缘，就是因为他太容易满足而不求进取，他一生只会盲目地工作，挣取足够温饱的薪金。不甘于优秀，超越优秀，成为卓越者，我们可以把事情做到最好。

当然，对于生活中的普罗大众来说，我们不必把眼光放得太高远，不必关注世界，可以关注国内，关注身边的事，甚至可以关注你所在的圈子里。在一个有限的范围内你可以成为第一人，因为世界无限大，而你生活的世界却不太大，或者说，你只需要在一定的范围内成功就可以了。

当然，要让自己的脑袋"富"起来、抓住财富的机遇，你还需要做到以下几点：

1.做好致富知识积累

任何一条致富路，都是一门学问，所以本身也是需要我们通过学习积累去获得的。以投资理财为例，事实上，也没有人天生会投资理财，大多数都要靠后天的学习去掌握。而学习投资知识的方法有很多。

比如我们可以通过书本知识，这是最基础的，也是最可靠和扎实的方法。不过市场上的投资书籍五花八门，有心想要读几本来学习掌握一点知识，但不知道该从哪本开始读起，或者到底哪些才是有真材实料值得去研究的。

另外，全面的投资知识学习要从以下几个方面展开：从储蓄、债券、基金、保险、股票、外汇、期货、信托、黄金、房地产、典当、收藏等。

2.学习他人的投资理财经验

投资是一场注重实践的活动，你若想获得最精湛的投资理念、最实用的投资工具、最实战的投资技巧，还要学习最直接的经验，这些都是书本上未必能学得到的，需要我们从投资经验最深的前辈身上学习。

3.积累投资理财经验

当然，要学到有用的投资知识，我们还是要参与实际的投资活动，进而积累经验。

总之，任何致富路，最忌讳的就是无知冒险，只有具备一定的知识和经验，才能避免盲目跟风，才会真正获益。

别一味地哭穷，要靠自己的双手致富

每个人都希望生活富足、衣食无忧，但大部分人不停地为生存奔波，却依然很穷。贫穷正是很多人焦虑的原因，正因如此，我们经常听到周围的人抱怨："我很穷……"同时还详细地描述自己到底有多穷。对于别人的发财致富，他往往还会"酸溜溜"地说上几句："哎，我就是没人家老王的运气好，那么大的一个工程竟然让他赚到了。"这样习惯抱怨和哭穷的人，其实最让人瞧不起。一个人不应该有事没事总哭穷，不管你是穷还是不穷，自己贫穷了，自己奋斗去，而不是拿出来让全世界的人都知道，这根本没有必要。另外，你要想改变现在的贫穷，就必须行动起来，哭穷只是愚蠢的行为。

生活中，很少有人是含着金汤匙出生的。大多数人所过的不过是平常人家的日子，不富贵，但也不会太贫穷。但人都是喜欢比较的，虽然自己并不算很穷，但跟其他人比起来，就觉得自己穷了。于是，他们开始纠结自己的贫穷，而从来不思考自己是否努力过。如果你只是哭穷，那根本改变不了任何现状。

爱默生告诫我们："人总归是要长大的。天地如此广阔，世界如此美好，等待你们的不仅仅是需要一对幻想的翅膀，更需要一双踏踏实实的脚!"任何人的成功都是点滴的进步汇集而成,但同时,任何思维和行为上的进步也需要梦想的指引。因此,从现在起,你只需树立一个正确的理念,并调动你所有的潜能加以运用,便能带你脱离贫穷,步入富人的行列之中!

总之,当你因为贫穷、生存而焦虑,当你哭穷的时候,其实根本起不到任何作用,也得不到别人的同情,反而会让人看不起你。贫穷是我们不能选择的,但奋斗却是自己可以选择的。你如果对自己的生活现状并不满意,觉得自己过的是穷日子,那就去奋斗、去努力、去拼搏,这样才能真正地改变自己窘迫的现状。

不但要努力工作,还要学会投资

身处21世纪的今天,理财投资几乎是每个成年人都要关心的话题,尤其是对于拿着固定又微薄的薪水的上班族来说,学点儿投资技能是必要的。老子的《道德经》中有一句话:"天之道,损有余而补不足。人之道则不然,损不足以奉有余。"这也是马太效应的一个展现。没有钱的人永远会选择最保守的方法守护住自己的财富,可惜这种做法已经不适用于这个CPI(消费者物价指数)不断上涨的时代了。有钱的人会运用自己手中的钱去赚取更多的财富。于是,富者就有更多的发展机会，而穷者害怕风险，只能甘于现状。最后使得富者越富，穷者越穷。

因此，无论是穷人还是富人，要想让财富滚雪球，必须敢于尝试和投资，一味地当守财奴，你只会越来越穷。

我们先来看看下面一则故事：

陈兴和汪洋是大学同学，而且毕业后在同一个城市工作，也选择了同样的行业，所以，刚开始，他们薪水都差不多，也存不到什么钱。然而，就在第二年，陈兴就告诉自己的好朋友汪洋要买房了。汪洋听完以后，简直不敢相信。要知道，在这个寸土寸金的城市买房，不是什么人都敢开口的。

而且，他们都是才开始工作的小伙子，就算是工作多年、小有积蓄的人，也不敢说这样的话。但是，陈兴有自己的想法，他认定此时买房是绝佳时期。虽然手头存款只有几万元，但是加上家里的资助，首付是绝对没问题的，其他的，陈兴和他女朋友两个人的工资完全可以按揭支付了。果然不出其所料，这套房子在第二年价值就翻了一倍。此时，陈兴赶紧将其出售，并用买房的钱为自己买了一套小型公寓，还买了一辆小跑车，这样，他和女朋友在这个城市也有了落脚之地。

在毕业不到三年的时间里，陈兴就凭借自己出色的投资能力成为这个城市的有房有车一族，而他的好朋友汪洋因为对投资理财一窍不通，只是按部就班地努力工作，然后每月将薪水存入银行中。接下来的三年里，虽然他的存款也在增长，但是

第6章 洞悉富人的致富思维，你也能学会让钱生钱

他没有看到物价上涨、货币贬值的因素，虽然存折上的钱在不断增多，但是其购买力却并没有相应增长。

生活中，我们不少人已经认识到了理财的重要性，也有人开始投资，但是没有一个理性的投资计划。比如，一些人看到别人在股市赚到了钱，就跟风炒股，把钱投进股市里，结果遇上熊市，血本无归。这样的人无疑是吃了偷懒的亏，要知道，投资也不是天上掉馅饼的，不努力而寄希望于投机取巧，世间哪有这样好的事呢？

我们也看到一些人说要投资，他们也会查资料、翻报纸、看杂志、问口碑，勤快得很，但一旦真进行投资了，就不管了。一些信托公司会告诉你购买他们的基金就可以高枕无忧了，但如果你真的有这样懒惰的心理，还是不宜投资。因为这种懒惰的性格，可能会造成血本无归的下场。比如，有人在投资中赚了高兴，而一旦赔了，就安慰自己"没卖就没赔"，后来一直放在手中不卖，亏到连本都拿不回来，再后悔也为时已晚。所以投资要勤快，而且要持续地勤快。

另外，你需要多了解一些财经知识，千万不要以为这只是财经界人士的事情。因为你的生活处处充满着投资的学问，多跟一些投资高手交流，或许你会得到意外的收获。而且，无论你现在准备投资做什么，都必须有创新意识，要敢做敢想，要敢于投资那些别人不敢涉足的领域。

《福布斯》杂志2000年度公布的中国内地50位拥有巨额

财产的企业家的名单中,年轻的阎俊杰、张璨夫妇因拥有1.2亿美元的财富而名列第23位。另据《粤港信息日报》报道,张璨名列由有关部门策划并组织的"当今中国最具影响力的十大富豪",是十大富豪中唯一的也是最年轻的女性。在这份资料中,张璨的个人资产超过了25亿元。

张璨,女,北京达因集团董事,北京达因科技发展总公司董事长。张璨致力于推进我国民营高科技产业发展和科技进步事业,刻苦创业,在高新技术产业化方面作出了突出贡献。

她致力于引进外国先进的计算机技术和网络技术,服务于中国市场和用户。1987年,她领导的企业率先在中国拓展EPSON系列打印机市场;1992年,她领导的企业在中国市场大规模销售康柏电脑;1994年,达因成为康柏在亚洲的最大代理商;达因网络工程师部为人民大会堂和多家银行等国内大型机构提供了先进的网络服务。目前,达因正在我国部分地区尝试建立"互联网络"。达因正在建立自己的大型显示器厂,并致力于发展自己的电脑技术,发展达因品牌的计算机产业。"达因"已成为具有国际影响力的电脑行业服务标志。

1995年,张璨投资2000万元与北京大学合作成立了北大达因生命科学工程有限公司。目前,生物工程科学研究与开发已成为达因高科技产业群体的重要支柱。

张璨说:"我觉得一个人最重要的是要有一个梦想,这个梦想可以很大,也可以很小,这需要依靠你的个性和能力去决定。然后，你为了实现这个梦想去努力、去奋斗，其实就够了。"张璨的投资创业经历是曲折的、艰辛的，但我们能看到的是，她的成功是必然的，因为她致力于科技进步，这本身就是一条与众不同的创业路，最终，她成功了。

总之，现代社会渴望财富的人们，都不要再死守你的一亩三分田了，尝试去发现新的事物，尝试学习并做一些投资，你会有所成就。

懂得变通，才能抓住致富的机会

有人说，世界就如同一个棋盘，而人就像一个"卒"，冲过"楚河汉界"之后，方可横冲直撞，实现自己的人生价值。每个人都被一个无形的界限约束着，限制着，有的人不敢突破界限，只是规规矩矩在界内生活、工作，最终也只是碌碌无为、平庸一生。而有的人却敢于突破界限，摆脱那些繁文缛节的束缚，因而他们也欣赏到了界外不一样的风景，领略了界外不一样的精彩，活出了非同寻常的精彩人生。

其实，财富的获得何尝不是这个道理呢？富人之所以能致富，就是因为他们懂得变通，有自己的致富方法，有敏锐地捕捉机会的眼光。有人说成功可以复制，于是有些人开始模仿富人，富人做什么，他们就学着做什么，以为踩着富人的脚步走,就能致富。然而,事实并不是如此,盲目跟风的结果往往是竹篮打水一场空。

一个成功的人生应该是懂得变通的人生,当你发现自己对自身定位不准确的时候,就应该及时调整步伐。

犹太人常说:"没有卖不出去的豆子。"卖豆人如果没有卖出豆子,他可以把豆子拿回家,加入水让它发芽。几天后,卖豆人可以改卖豆芽。如果豆芽卖不动,那么干脆让它长大些,卖豆苗。而豆苗如果卖不动,再让它长大些,移植到花盆里,当作盆景来卖。如果盆景卖不出去,那么就再将它移植到泥土里,让它生长。几个月后,它就会结出许多新豆子。一粒豆子,变为成百上千粒豆子,这不是一种更大的收获吗?

同样,一个人思想永不更新,他只有死路一条。在瞬息万变的当今社会,真正的危险不是知识和经验的不足,而是故步自封,跟不上时代的步伐。

他是个农民,但他从小的理想就是当作家。为此,他一如既往地努力着,十年来,坚持每天写作500字。每写完一篇,他都改了又改,精心地加工润色,然后再充满希望地寄往各地的报纸杂志。遗憾的是,尽管很用功,可他从来没有一篇文章得以发表,甚至连一封退稿信都没有收到过。

29岁那年,他总算收到了第一封退稿信。那是一位他多年来一直坚持投稿的刊物的编辑寄来的,信里写道:"看得出你是一个很努力的青年,但我不得不遗憾地告诉你,你的知识面

第6章 洞悉富人的致富思维，你也能学会让钱生钱

过于狭窄，生活经历也显得过于苍白。但我从你多年的来稿中发现，你的钢笔字越来越出色。"就是这封退稿信，点醒了他的困惑。他意识到，自己不应该对某些事过于执着。他毅然放弃写作，转而练起了钢笔书法，果然进步很快。现在，他已是有名的硬笔书法家，他的名字叫张文举。就这样，他让理想转了一个弯，继而柳暗花明，走向了成功。

诚然，我们要承认的是，一个人要想成功，就必须做到努力、奋斗、坚持不懈，但毅力要起到作用，必须是建立在一条正确的道路的基础上，在错误的道路上坚持，只会让你逐渐偏离成功的人生轨道。因此，我们一定要懂得变化和放弃，具备应变的能力，我们才可能抓住成功的机会。

很多时候，在我们看来难以解决的困境中，其实正蕴藏着机会。机会常常乔装打扮以问题的面目出现，对某一重要问题的解决本身就为成功创造财富提供了良机。犹太人正是这样做的，他们总是能不断寻找成功的机遇，即使在困境中亦是如此，因为他们从不会因眼前的现状而停止思考。在顺境中多思考，我们能保持清醒的头脑、稳健前进的脚步；在逆境中多思考，我们会找到失败的症结，踏上通往成功的道路。

现在的你如果是一个穷人，你如果想致富，那么，就别一味地模仿富人，也别将富人的成功经验生搬硬套于自己身上，找一条与众不同的致富道路，巧妙地将之发挥出来，你就能获得财富。

定位思维

东汉初年，辽东一带的猪都是黑毛猪，当地人也都习以为常。忽然有一天，一个商人家中的老母猪生了一窝毛色纯白的小猪，大家都争相来观看。附近一带的人都认为这一定是一种特异的品种，于是就有人给这个商人出主意说："如此干净纯白色的小猪，天下一定少见，你应该把它们送到洛阳，去献给皇帝，皇帝肯定会重重地赏你。"又有人走来给他出主意说："还不如把这群小白猪拉到燕京市场上去，肯定能卖个大价钱，物以稀为贵，错过了这个机会，你后悔都来不及了。"辽东商人听了，果然动了心。经过一番盘算，觉得还是把猪运到燕京市场去卖个大价钱比较合算。于是，他把白毛小猪装上车，向燕市进发了。

经过3个多月的艰苦跋涉，等走到燕京时，他的小猪也基本上都长大了，他喜不自胜，这一回不知道要发多大一笔财呀！这一天，当他把白毛猪运到市场的时候，简直被吓呆了，原来燕京市场中卖的猪都是白色的，白毛猪在这里不足为奇不说，价钱还不如辽东的黑猪。辽东商人眼看着猪卖不出去，空欢喜一场，心中十分懊悔，心想，还不如在当地卖了，也总比现在这样强啊！

胡思乱想了一阵以后，他灵机一动：既然辽东没有白毛猪，这里白毛猪的价格也不贵，我为什么不从燕京贩几十头白毛猪回辽东？那样才是真正的物以稀为贵，肯定能赚一笔。于是，他就从燕京贩了几十头白毛猪回辽东，很快就卖出去了。

第6章 洞悉富人的致富思维，你也能学会让钱生钱

接着，他又贩黑毛猪来燕京，也是大赚了一笔。

这已经是一个被人传颂的财富故事，但它带来的现实意义却一直是我们应该思考的。财富永远蕴含在变化之中，因为市场始终是处于变化中的，固步自封、毫无变化，只会被市场抛弃。

可见，对于有经商头脑的人来说，在变化面前，他们丝毫不畏惧，相反，他们能适应变化，并能把变化当作机会，让变化帮助自己成功。通用汽车公司总裁杰克·韦尔奇说，他一生追求的只有三个字：变！变！变！有原则、有方向地变，在变化中获得发展。在这个变革的年代，最怕的就是你把自己局限于某个既定的框架里而不思改变。

总之，财富是与市场有着密不可分的关系的，你如果能始终掌握住市场变化的方向和脉搏，并制订出与之相适应的投资计划，就能致富。

致富机遇来临时，借钱也要发展事业

生活中，我们总是强调做事要脚踏实地，但脚踏实地并不等同于固步自封，也并不是否定冒险的价值。事实上，我们也不难发现，那些致富成功的人，他们的"第一桶金"有时候不是赚来的，而是借来的。只靠自己一点一滴、日积月累挣钱发达的人少之又少，更多的人是因借钱而发财，其中的道理并不

定位思维

深奥，一块钱的买卖远远比不上一百块钱的买卖赚得多。

事实上，在富人的思维里，在经商中向他人借钱是很平常的事。做生意，如果等你赚了钱以后再行动，那就需要等上很长一段时间，你的事业也很难有所发展，这会让对手更加得心应手，对自己一点儿好处也没有。这时，毫不犹豫地去借钱，正是一项绝对正确的决策。

通过"借"钱做生意，从而发展经济是当今世界通用的一种经营手法。很多成功的生意人就是靠"借"走上发展之路的。

提起美国的"希尔顿旅店"，很多人知道，但是，美国的希尔顿酒店是怎样万丈高楼平地起的呢？希尔顿本人又是怎样发家的呢？他发财的秘籍就是"借鸡下蛋，靠钱生钱"。

那么，大多数情况下，人们为什么不愿借钱呢？其实很简单，因为他们输不起。用借来的钱去闯荡，他们会感到不安，他们既想赢，又怕在冒险的世界里输，而输掉的钱又不是他们自身的，而是借来的，还得支付利息，为此，他们战战兢兢，最终选择了放弃眼前的机会。

事实上，无论是赚取财富，还是赢得人生，优秀的人在竞技中想的不是输了我会怎样，而是要成为胜利者我应该做什么。眼光长远，看到成功后的路，也许你就有了勇气。

这正如洛克菲勒所说的："借钱是为了创造好运。"洛克菲勒在给儿子的信中，曾提及这样一件事：

有一天，洛克菲勒被告知，他的炼油厂失火了。炼油厂失

第6章 洞悉富人的致富思维，你也能学会让钱生钱

火，多么严重的事！洛克菲勒损失惨重。虽然他曾经为炼油厂买过保险，但即使要赔付保险金，也需要保险公司走完流程，这是需要一段时间的，而他又急需一笔钱重建炼油厂，于是，他只得向银行借贷。然而，在与银行工作人员交涉的过程中，他遇到了极大的难题。

石油行业本身就是一个高风险行业，每个银行在为这一行业提供贷款时都是抱着一颗冒险的心的，再加上洛克菲勒的炼油厂刚刚又损失惨重，那些银行家当然不愿意立即为洛克菲勒放贷了。

就在洛克菲勒束手无策时，有一个叫斯蒂尔曼的人出现了。他带着一名提着保险箱的职员出现在了会议室，他对其他几位董事说："听我说，先生们，洛克菲勒先生和他的合伙人都是非常优秀的年轻人。如果他们想借更多的钱，我恳请诸位毫不犹豫地借给他们。如果你希望更保险一些，这里就有，想拿多少就拿多少。"

洛克菲勒开心极了，他很庆幸自己用诚实征服了这些银行家。

正如洛克菲勒说的，诚实是一种方法，赢得信任，他人才会借钱帮你渡过难关。在洛克菲勒创业之初，他曾多次欠下巨债，甚至不惜把企业抵押给银行，结果是他成功了，他获得了令人震惊的成就。

的确，一个人要想拥有财富，就要学会运用金钱，就要学会赚钱。常有人说，冒险的人经常失败。但成功的人又何尝不是冒险的人呢？我们总担心借钱会让我们举债，但借钱并不是

坏事，你只要不把它看成救命稻草，只在危急的时候使用，而把它看成一种有力的工具，你就可以用它来开创机会。否则，你就会掉入恐惧失败的泥潭，让恐惧束缚住你本可大展宏图的双臂，而终无大成。

法国作家拉伯雷曾说："不敢冒险的人既无骡子又无马，过分冒险的人既丢骡子又丢马。"这句话的含义是，我们每个人都应该有冒险精神，但绝不能盲目冒险。

的确，在今天开放的全球化世界中，随机性和偶然性越来越大，往往变幻莫测，难以捉摸。在如此不确定的环境里，勇气就成了最宝贵的资源。人这一生最可悲的不是没有能力，而是没有勇气。当机遇一次次擦肩而过时，如果没有勇气去抓住，那么其他方面再怎么强也没有用。相反，有了充足的勇气，哪怕自己的条件比不上别人，成功的机会也比别人更多。

生活中的人们，无论失去什么，都不能失去勇气。勇气是你走进目的地的钥匙，在机会面前，即使要举债，你也可以赌一把，当然，这并不是说你可以盲目冒险。培根曾说："我们要时时注意，勇气常常是盲目的，因为它没有看见隐伏在暗中的危险与困难。因此，勇气不利于思考，但有利于实干。所以对于有勇无谋的人，只能让他们做帮手，而绝不能当领袖。"

总之，机会总是稍纵即逝的，如果在你面前出现的机遇需要金钱的支撑，那么，借钱就是为你创造好运，当然，这需要你付出诚信，因为没有人愿意将金钱借贷给信誉不佳的人！

第7章

财富GPS,明确你可以靠哪种方式赚到钱

据一项调查研究表明，在众多亿万富翁的发家史中，我们发现了这样一个规律，那些头脑灵活、观察力强、重视小事的人，远比那些空谈义理的人更有前途，他们大多在早年就深耕于某一领域，且能把一件小事做到极致。其实，每一个想要与财富为伍的人，都应该认识到自我认知和定位的重要性。你只有先定位好自己、找到自己的优势，才能用一双敏锐的眼睛发现商机，才能找到属于自己的成功之路。

找到自己的优势,就找到了致富模式

我们都知道,不是所有人都能事业成功、获得财富。那些获得成功的人,他们必定有着一些常人没有的杀手锏。就外在实力而言,当然是资金雄厚、人脉广博、技术先进的人更容易获得成功。而从内在因素考虑,那些乐观、勤奋、思维灵活、诚实、讲信用的人更容易获得成功。

你如果也拥有上述内在品质和能力,那么,一定会获得成功。即使只有一部分,你也比他人更容易获得机遇的垂青。

然而,有人会问,如果我什么都不具备呢?其实,成功是没有固定模式的,只要能找到自己的优势,知道自己可以靠什么赚钱,那么,你就能走出一条与众不同的道路。

英国人霍布代尔是一所中学的一位勤勤恳恳的清洁工,已经在那所学校工作多年。

一次偶然的机会,学校新来的校长发现霍布代尔是个文盲,这位校长不能容忍自己的学校中有一个文盲,于是,将他解雇了。

霍布代尔痛苦万分,因为对于他这样一个文盲,到哪儿去工作都将面临困难。痛苦中的霍布代尔并没有自暴自弃,他开始思考这样一个问题：我真的一无是处了吗？突然，他高兴了起来。原来，他想到了他的手艺——做腊肠。

霍布代尔做的腊肠曾深受学校师生的欢迎。基于此，霍布代尔产生了做腊肠生意的念头。他做得很好，几年后，在英国有人不知道莎士比亚，不知道劳斯莱斯，但没有人不知道霍布代尔的腊肠。

我们身边有很多和故事中的霍布代尔一样的人，他们没有高学历、没有雄厚的资金、被别人看不起，但他们能找到自己的长处，然后将之充分发挥出来，最终获得了别人不曾预料到的成功。

我们周围的每一个人都是一个单独的个体，人与人虽然没有优劣之分，但有很大的不同。这世界上的路有千万条，但最难找的就是适合自己走的那条路。成功学专家A·罗宾曾经在《唤醒心中的巨人》一书中非常诚恳地说过："每个人都是天才，他们身上都有着与众不同的才能，这一才能就如同一位熟睡的巨人，等待我们去为他敲响沉睡的钟声……上天也是公平的，不会亏待任何一个人，他给我们每个人以无穷的机会去充分发挥所长……这一份才能，我们只要能汲取，并加以利用，就能改变自己的人生，只要下决心改变，那么，长久以来的美梦便可以实现。"

甲骨文公司的创建者埃里森没有显赫的身世，甚至可以说出身卑微。1944年，他母亲19岁时生下他，又遗弃了他，全靠姨妈把他抚养成人。在埃里森的记忆里,只与母亲见过一面,知道她是犹太人,而父亲的身份至今还是一个谜。不知是否和身世有关,埃里森的坏脾气臭名远扬,"骄傲、专横、爱打嘴仗"成了埃里森的代名词。

"读了三个大学,没得到一个学位文凭""换了十几家公司,还是一事无成",直到32岁,埃里森才以1200美元起家,创造出"甲骨文奇迹"。

埃里森是推销高手,他不只直接推销产品,还聪明地为产品的市场环境造势。他到处宣传关系数据库的概念,称其可以加快数据处理效率,容纳和管理更多的数据。与此同时,每次埃里森推介演讲时,题目经常是"关于数据库技术的缺陷",然后紧跟着就介绍甲骨文是如何解决这些问题的,当场演示,让人们印象深刻。可以说,埃里森成功靠的不仅是技术,更多是市场推销。

埃里森懂得抢先占领市场的重要性:研制产品并将其卖出去是最主要的事情,其余的事情都不重要。他公司的发展策略是:拼命向前冲,拼命兜售甲骨文公司的产品,扩大其市场占有率。

他培养了一批"狼性"十足的销售人员。这些人员的贪婪和竞争本能得到了最大程度的调动,继而转化为不可思议的战斗力,最终转化为不可思议的业绩。甲骨文公司的销售部门不是一个"懦夫待的地方",它是一个竞技场。疯狂追逐胜利的

定位思维

"疯子"在公司会成为吃香的人，发挥平常的人则不受待见，甚至被迫卷铺盖走人。

这就是埃里森的精神，他的成就是，2007年福布斯全球富豪榜第11名，上榜资产215亿美元。

这里，埃里森正是找到了自己的优势——市场推销，并将其充分激发出来，最终赚到了自己想要的财富。

松下幸之助曾说，人生成功的诀窍在于经营自己的个性长处，经营长处能使自己的人生增值，否则，必将使自己的人生贬值。他还说，一个卖牛奶卖得非常火爆的人就是成功，你没有资格看不起他，除非你能证明你卖得比他更好。一般来说，很多成就卓著的人士的成功，首先得益于他们充分了解自己的长处，根据自己的特长来进行定位或重新定位。可以说，埃里森在读书这一点上并不擅长，但他擅长推销，擅长培养人才，他就是一个特立独行的创业者。

尺有所短，寸有所长。一个人也是这样，你这方面弱一些，在其他方面可能就强一些，这本是情理之中的事情，找到自己的优势和承认自己的不足一样，都是一种智慧。其实，每个人都有自己的可取之处。比如，你也许不如同事长得漂亮，但你有一双灵巧的手，能做出各种可爱的小工艺品。又如，你现在的工资可能没有大学同学的工资高，不过你的发展前途比他的大等。

所以，一个人在这个世界上，最重要的不是认清他人，而是先看清自己，了解自己的优点与缺点、长处与不足等。搞清楚这一点，就是充分认识到了自己的优势与劣势，容易在实践中发挥比较优势，否则，无法发现自己的不足，就会使你沿着一条错误的道路越走越远。而你的长处被你搁浅，你的能力与优势也就受到限制，甚至使自己的劣势更加劣势，使自己处于不利的地位。所以，从某种意义上说，是否认清自己的优势，是一个人能否取得成功的关键。

及时止损，致富最忌在错误的领域内耽误时间

人们常说，生活就像海洋，只有意志坚强的人，才能到达彼岸。但意志坚强并不等同于固执保守，在很多选择面前，放下无谓的固执，冷静地用开放的心胸去做正确的抉择，就将指引你永远走在通往成功的坦途上。

然而，我们发现，一些固执的人，他们自认为已经付出了努力，就不能放弃。事实上，当我们碰得头破血流的时候，我们才发现，原来自己一直在走一条错误的路，回过头来看，我们已经浪费了太多的精力和时间。

事实上，在追求财富的路上何尝不是如此呢？财富永远青睐那些善于变通的人，我们在致富的路上，不能太过盲目，而应该思索自己的方向是否正确。一旦发现自己进入了错误的圈

定位思维

层和领域，那么，你就要果断放弃，因为及时止损永远是致富的第一要义。

1996年，年仅28岁的何恩培从珠海来到北京。他的弟弟何战涛，则已经先期到达等他。何恩培兄弟俩都毕业于华中理工大学，弟弟学的是计算机，而何恩培学的是固体电子学，他们都希望在北京能找到自己的用武之地，一展身手。

刚开始，兄弟俩来到北京的一家小软件公司工作。后来，在这家软件公司从不到10个人发展到60个人的时候，何氏兄弟选择了离去。原因有两方面，一是利益机制问题，何恩培希望公司推行股份制，老板没有同意；二是何氏兄弟认为公司的发展战略不符合市场发展规律。道不同不相为谋，他们决定自己组建公司。

1997年10月，一家名叫"铭泰科技"的小公司在中关村开张，包括何恩培兄弟在内只有5人，哥哥负责市场策划，弟弟做技术开发。吸取了在前两个公司工作的经验和教训，哥哥认识到"铭泰"要发展，必须解决机制和产品问题。机制是公司的基础，产品是公司的方向。善于经营的哥哥将"铭泰"确定为有限责任公司，建立开放式的公司机制以吸引人才，并防止日后由于股权问题而导致经营混乱。在产品方面，经过对各种因素的综合分析后，他们发现翻译软件既符合市场需求，又切合公司实际。

1998年1月，弟弟主持的汉化翻译软件《东方快车》问

第7章
财富GPS，明确你可以靠哪种方式赚到钱

世，之后的4个月，销量迅速增长。2001年初，连同面向海外市场的海外版、港台版《东方快车》的正版用户已经突破600万。此后的一年多时间里，"铭泰"利用纷至沓来的大笔境内外投资迅速壮大，先后成功发售《东方网神》《东方网译》《东方不败》《东方卫士》和《东方影都》等系列畅销软件。

从一个9平方米的地下室、只有5名员工的小公司开始创业，短短3年时间，何氏兄弟将公司发展壮大到拥有上亿资产的大企业。

何氏兄弟有着出众的才能，但在第一份工作中却难以有出色的表现，原因就在于他们当时处在一个不利的环境中。

其实，每一个人的成功之路上，都得不断地放弃和获取，关键在于我们在拥有很多的时候是不是能像何氏兄弟那样敢于放弃，敢于挑战自我。因为每一次放弃就是给自己一次新的机会，这样的机会也就是自己最后走向成功的源泉。

瑞士军事理论家菲米尼有一句名言："一次良好的撤退，应与一次伟大的胜利一样受到奖赏。"同样，每一个渴望财富者也要学会放弃，并且要果断、大气地放弃，以另谋出路。当然，不是面对任何事物都需要放弃，在毫无出路或者面对那些蝇头小利或毫无前景的决策时，才应该做有目的、有计划地放弃，这才是追求创新、富有远见的人所必备的成功条件。

的确，几乎每一个人都渴望成功的降临、财富的垂青，但事实上，很少有人能获得预期的成功。有的人盲目行事，心中有了什么好的想法就马上开始实施，不等待、不忍耐，也不经过仔细思考，最终面临惨烈的失败。其实，要想真正获得财富，就必须有周详的谋划，处心积虑，经过一番斟酌，经过一段时间的准备之后再行动，而一旦发现目标是错误的，就应该立即放弃，并调整新的方向，只有这样，才能最终获得成功。

当然，在追求财富的过程中，有时候，我们需要放弃的不仅是目标和方向，还有让我们感到疲惫的压力。因为只有放弃压力，及时获得新的能量，我们才能继续上路。

避开竞争锋芒，挖掘潜藏市场

当今社会，市场竞争异常激烈，市场风云瞬息万变，市场信息流的传播速度大大加快。我们都在寻找可以投资的市场，可以说，谁能抢先一步获得信息、抢先一步作出调整以应对市场变化，谁就能捷足先登，独占商机，获得财富。那么，我们该如何选择市场呢？

为此，无论是投资还是创业，你若想获得成功，就要避开那些饱和的市场，选择他人没有涉足的区域。这一长远眼光的发展战略，不但能避开强劲的竞争对手的拼杀，而且能独自开发一个前景广阔的市场。

从前，几乎所有人都认为只有硬件才能赚钱，比尔·盖

第7章
财富GPS，明确你可以靠哪种方式赚到钱

茨是第一个看到软件前景的商人，而且"以软制硬"，把其软件系统应用到所有的行业或公司。微软开发的电脑软件的普遍使用，改变了资讯科技世界，也改变了人类的工作和生活方式。人们把盖茨称为"对本世纪影响最大的商界领袖"，一点儿也不过分。现在，传统经济已让位于创造性经济。统计数据表明，只有31万员工的微软公司，市场资本总额高达6000亿美元。麦当劳公司的员工为微软的10倍，但它的市场资本总额仅为微软的1/10。尽管21世纪依然有汉堡包的市场，但其影响和威望，远不能同微软相比。

微软还是第一家提供股票选择权给所有员工作为报酬的公司。结果，创造了无数百万富翁甚至亿万富翁，也巩固了员工的忠诚度，减少了员工的流动。这一方法被别的企业竞相采用，取得了巨大的成功。

微软处处领先，靠的是什么，就是创新。要最大限度地发挥人的潜能，就不要受制于自缚手脚的想法。成功者相信梦想，也欣赏清新、简单但很有创意的好主意。

洛克菲勒先生曾说过一个抢占石油市场的经历：

在洛克菲勒进军石油界的第三年，炼油商们又在宾州布拉德福德发现了一个新油田，于是，负责标准石油公司输油管业务的丹尼尔·奥戴先生便迅速带领他的团队扑向那个财富之地。

开采石油的那些人已经疯狂了，他们不分昼夜地开采，希

定位思维

望可以带着大把大把的钞票从此离开。也就是说，奥戴先生的管道和工人根本不够用。

此时，洛克菲勒站出来，对奥戴先生提出了建议，希望他能警告那些采油商，因为他们的开采量和开采速度已经远远超过了他们的运输能力，这样减慢开采速度，才不会导致这些黑金变成一文不值的粪土。然而，无论洛克菲勒怎么苦口婆心地劝说，傲慢和争强好胜的奥戴就是不为所动。

就在此时，洛克菲勒的竞争对手波茨动手了，他先在几个重要的炼油基地收购洛克菲勒的炼油厂，接着，他又开始在布拉德福德抢占地盘，铺设输油管道，要将布拉德福德的原油运到自己的炼油厂。

洛克菲勒意识到自己再不出手就晚了，于是，这一天，他来到宾州铁路公司大老板斯科特先生的家里，并直言不讳地把事情的利害告诉了他。但这位斯科特先生也是个固执的家伙，他对波茨的行为表示置之不理。无奈，洛克菲勒决定亲手向自己的这个敌人宣战。

洛克菲勒先是解除了与宾州铁路的所有业务往来，而将自己的运输业务转给了另外两家支持他的铁路公司。随后，指示所有与帝国公司竞争的己方炼油厂，以远远低于对方的价格出售成品油。

在这样的措施下，斯科特先生不得不臣服，尽管他很不情愿。

第7章
财富GPS,明确你可以靠哪种方式赚到钱

洛克菲勒的措施自然会引发对方的反击。为了打击洛克菲勒,他们把业务转手给洛克菲勒的竞争对手,并且,他们还倒贴给对方很多钱,无奈,他们只好裁员、削减公司,这引发的是工人们的极大不满,最终,这些愤怒的工人一把火烧了几百辆油罐车和一百多辆机车,逼得他们只得向华尔街银行家紧急申请贷款。

就这样,这一年,他们不但没有挣钱,反倒损失惨重。

洛克菲勒的竞争对手波茨先生是个很有魄力的军人,他不愿意妥协,但是,他也是个识时务的人,最终,他决定不再与洛克菲勒决斗,而选择了讲和,停止了炼油业务。几年后,他还成为洛克菲勒属下一个公司积极勤奋的董事。这个精明又滑得像油一样的油商!

洛克菲勒曾直言不讳地说:"成功驯服这些傲慢的强驴,我的心都在跳舞。"而他之所以能做到这点,就是因为他先人一步的魄力,绝不让主动权流落在对手手里。

因此,无论是创业还是投资,要想致富,就要抢先一步,发现空缺的市场,就能得到金子;而你步人后尘,东施效颦,得到的可能就是失败。

为此,你需要记住以下三点。

(1)找到市场空缺。

(2)把投资眼光放在别人不屑投资的项目上。

(3)对于那些已成态势的领域,就要做出特色。

定位思维

要赚钱先积累人脉，"贵人"助你实现财富快速增长

当今社会，人脉资源的重要性早已毋庸置疑，我们凭借一人之力是很难成功的，有了丰厚的人脉，尤其是"贵人"的协助，你会发现，你赚钱的机会就无形中增多了。而且，这两者是成正比的，你的人脉档次越高，你的钱就来得又快又多，这已经是人所不争的事实！的确，人脉并不是直接的财富，但能为我们带来财富，没有人脉，你追求成功与财富的路就比别人更艰辛。

所以，不要再抱怨自己的财运不好，现在你应该明白不是你的财运不好，而是你的人脉还不够丰富，还不够强大，因此你还不能够成功。你如果希望自己的财路越来越广，那么，就先积累人脉吧。

商场，也就是公关场，没有一定的人际关系网，做生意简直寸步难行。人际关系包括人缘关系、业务关系、办事渠道、信息来源等。它是一种十分微妙的东西，可以说无处不在，无时不在。人际关系是一张网，我们就是网上一个个的结点，这是商人的一笔无形资产。有了这样一张网，做起生意来会如有天助，会收到事半功倍的效果。

印尼著名华侨企业家林绍良，在创业的艰难历程中，得到了前总统苏加诺的帮助，使本来毫无希望的事业变得大有希

第7章 财富GPS，明确你可以靠哪种方式赚到钱

望，也使一个身无分文的创业者成为富甲一方的商业巨人。

1916年7月16日，林绍良出生于福建的一个村子。1938年，为了谋生，他来到了印尼。当时的印尼与中国一样，烽火连天，经济不景气，生存已经很困难，更别说赚钱了。

日本投降后，印尼宣告独立，但荷兰军队又卷土重来，印尼重新处于战火纷飞之中。

林绍良凭借多年积累下来的行商经验和广泛的社会关系，冒着风险为印尼游击队源源不断地输送武器弹药和医药用品等物资，表现很突出。

在支援活动中，林绍良认识了许多印尼军官，其中一个就是后来担任总统的著名的苏加诺，当时，苏加诺是上校团长。

每当苏加诺的部队陷入经济窘境之时，林绍良都义不容辞地予以有力支持。苏加诺十分感激，也为林绍良突破重重包围把丁香运到新加坡贩卖提供保护，两人结下深交。

1949年，印尼赶走了荷兰军队，赢得了民族独立。但战后的印尼，百业凋敝，经济极度困难。不过，这正是有抱负者施展经营才干的好时机。林绍良不满足贩卖丁香，他把活动中心从古突士迁到首都雅加达。林绍良利用与总统苏加诺的关系，使事业飞速发展。

1954年，林绍良创办了肥皂厂。随后，他的纺织厂、铁钉厂、自行车零件厂也纷纷建成。

1957年，他创办了今日印尼最大的私营银行——中亚银

行。20世纪60年代中期，林绍良创办了根扎那企业集团，拥有三十多家涉及银行、建筑、水泥、钢铁等行业的企业公司。

1968年，他获得了政府给予的丁香进口专利权。此后，资金滚滚而来，事业得以迅猛发展。

1968年，印尼政府把全国生产面粉的三分之二专利权交给了他。他很快就建起了两座规模庞大的现代化面粉加工厂。

1975年，林绍良投资1亿美元建设狄斯丁水泥厂，这是印尼数一数二的大企业，据说，其资产价值已达25亿美元。同时，他还买了大面积的地皮，向房地产业发展。现该集团成为印尼华人实力最雄厚的五大财团之一。

自古以来，政治与经济便是一对紧密相连的孪生儿。中国虽已稳步跨入市场经济的轨道，但源远流长的"官本位"等传统政治思想还根深蒂固，影响着这片神州沃土。在中国这种特殊的政治背景下，商海泛舟者若要取得商业上的辉煌业绩，除了从经济方面入手外，还需要从政治的角度着眼，来调整自己的商业行为。

人际关系是商人最重要的一项资产，在他的交际网络中，涉及的面越广，有分量的人物越多，要做的事业就越顺。

然而，我们必须先把建立人脉关系的目的弄清楚。人脉关系不是表现爱的公开集会，而是为符合双方持续需求所形成的一种关系。你付出，便有收获；没有付出，就没有收获。

有些人脉关系建立于纯粹的友谊上，有些则根据需要而

第7章 财富GPS，明确你可以靠哪种方式赚到钱

来。我们与朋友来往，是因为我们喜欢他们；我们与其他人来往，是因为他们有我们所需要的东西，反之亦然。重点是，你如果只与自己喜欢的人做生意，就无法在商业圈生存太久。

采取主动的姿态参与各种社交活动，是拓展交际圈子的必然途径。我们可以选择加入一个社团，比如健身俱乐部、舞蹈团体或棋牌俱乐部，任何一个团体都可以，然后活跃其中。选择你自己喜欢的就好，认识里面的人，然后建立你的网络。如果你是一位女性，常参加周末社区里的美容或者烹饪沙龙，也可以得到意外的收获。不论是什么形式，可以确定的是，许多有用的闲话就在那儿散布，友谊和罗曼史也常常在那里产生。任何你能想到的地方，都是结交"贵人"的一个绝佳场所。

一位著名的企业家通过"十年修得同船渡"的方法，结识了许多社会名流。他的经验是："在每次出差的时候，我都选择飞机的头等舱。一个封闭的空间，不会有其他杂事或电话干扰，可以好好地聊上一阵。而且，搭乘头等舱的都是一流人士，只要你愿意，大可主动积极地去认识他们。我通常都会主动地问对方：'可以跟您聊天吗？'由于在飞机上确实也没事可做，所以对方通常都不会拒绝。因此，我在飞机上认识了不少顶尖人物。"

这位企业家的经验告诉我们，结交"贵人"，营造人脉的前提是认识更多的人。我们大多数人都是生活在一个既定的

生活圈子内，只要留心，看看自己的生活范围，是不是在很长时间内都没有什么变化——既没有增加新的朋友，也没有新类型的社交活动。更常见的情况是，一年过去，我们交往的依然是熟悉得不能再熟悉的人，出入的是闭上眼睛都想得出路的地方。这样的生活很舒适，没有陌生人的地方，我们可以充分放松自己，因为陌生的环境和陌生人总会因为不了解而给我们造成心理上的紧张。面对一个全新的环境，不同的面孔，不同的生活习惯，那种陌生和随之而来的寂寞相信在每个人心灵上都会留下很深的印象。但人脉建设就是要跨越这种熟悉带来的"舒适地带"，转而开创一个更新、更广的生活圈子。

总之，在致富路上，若是遇到了贵人相助，有了贵人的提携，那无疑是锦上添花，使你平步青云，或者至少会使你少走许多弯路。因此，在实现人生梦想和野心的过程中，找到自己的贵人，并博得他们的信任和赏识，是成功的重要途径。

学会共享利益，才能实现合作致富

现代社会，各行各业竞争尤为激烈，尤其是涉及利益争夺的商业活动中，不少人更是秉持"利益至上"的原则，总想"一家独大"。但越是"吃独食"的人，越是赚不到钱。事实上，许多出色企业家的经营策略一直是以善为本。人是群居的

第7章
财富 GPS，明确你可以靠哪种方式赚到钱

动物，人与人关系的运用，对事业的影响很大。如果一心只往自己口袋里塞钱，过不了多久就会失去人心，在商场上被淘汰出局。

做生意不能单打独斗，一个人如何对待合作者，最能反映他的心胸品性，决定他在商场上最终的成败。

陆晨和苏平是商业上的合作伙伴，苏平因为自己有其他领域的事业，无暇分身照看他们合作经营的项目。所以，虽然是合伙经营，但实际上只有陆晨一个人独自支撑。尽管陆晨每周在向苏平汇报工作状况时，都说他们所投资的项目具有深厚的潜力和广阔的前景，苏平也不敢把太多的资金注入这个项目。

因为他们合作了半年多，苏平每月都向里面注入资金，但是，一次也没有见到账面上有足够令人信服的盈余利润。

又过了3个月，苏平听从了家人的劝告，决定中止这个项目，抽回全部投入的资金。没有了苏平的投资，陆晨的项目逐渐走向了破产，他眼中的所谓巨大潜力和广阔前景，变成了镜中花，水中月，无法捉摸。

陆晨的最大错误是，没有让别人看到利益，所以，那些苦口婆心的千言万语，犹如一纸空文，最终起不到任何实际效用。

在商业社会中，人们眼睛紧盯着的是实际的利益。正所谓"不见兔子不撒鹰"，如果没有实际的利益，谁都不愿意浪费自己的精力和资本。相反，一个人要想借用别人的力量，

定位思维

为自己的事业服务，就必须摆出切实的利益，来吸引别人的注意力，并通过利益来调动别人的积极性，帮助自己成就一番事业。以利益驱动他人，帮助自己，是一种高明的做事手段。

没有人不关心自己的利益，只有获得更多的利益，才能够拓展自己的生存空间。所以，我们要用实际行动，拿出真正的利益，调动别人的积极性，这样做远胜过千言万语地分析和讲述。

我们再来看看客户主管杨波的谈判经历：

杨波是一家油漆公司的销售主管，他们公司推出的油漆有环保、无异味的特点，很适合现在家居环保的要求。正是这一优点，杨波所在的这家公司的生意一直做得很好。

最近，他联系了一家地产公司的李经理，他们洽谈了许多合作事宜。但是，李经理坚持要降价，这一点让杨波很为难，他需要回去和上级领导商量，于是谈判暂时搁置。不久后，杨波和李经理再次坐在了谈判桌旁。

"李总，您好！关于您提出降价的条件，我已经与公司上级领导商量过了。我们都觉得，如果您能在贵小区优先替我们旗下的新油漆公司做广告宣传，我们公司愿意以最低的价格与您这样的大客户长期合作。"

"不好意思，我们从不会为住户主动推荐油漆。"

"您误会我的意思了，我们并不是希望您推进，我们只需要一个安全的宣传环境就行。"

第7章 财富GPS，明确你可以靠哪种方式赚到钱

"你们要宣传多久？"

"从开盘开始后的一年内。"

"可以。"

最终，李经理以最低的价格落成了新的楼盘，而杨波所在公司旗下的新产品油漆也得到了大力宣传，销量很好。

案例中，作为谈判方的代表，杨波的聪明之处，就是利用了双赢这一原则，让客户和销售员都实现了利益互补，达成交易必然水到渠成。

著名的社会心理学家霍曼斯提出，人际交往在本质上是一个社会交换的过程。长期以来，人们最忌讳将人际交往和交换联系起来，认为一谈交换，就很庸俗，或者亵渎了人与人之间真挚的感情。这种想法大可不必有。其实，我们在交往中总是在交换着某些东西：或者是物质，或者是情感，或者是其他。人们都希望交换对于自己来说是值得的，希望在交换过程中得大于失或至少等于失。不值得的交换是没有理由的，不值得的人际交往更没有理由去维持，不然，我们就无法保持自己的心理平衡。所以，人们的一切交往行动及一切人际关系的建立与维持，都是依据一定的价值尺度来衡量的。对自己值得的，或者得大于失的人际关系，人们就倾向于建立与保持；而对于自己不值得的，或者失大于得的人际关系，人们就倾向于逃避、疏远或中止这种关系。

正是交往的这种社会交换本质，要求我们在人际交往中

必须注意，让别人觉得与我们的交往值得。无论怎样亲密的关系，都应该注意从物质、感情等各方面"投资"，否则，原来亲密的关系也会转化为疏远的关系，使我们面临人际交往困难。

在合伙的生意中，我们更应该注意这种交换是否与付出对等。很多合作者，一开始本是朋友，一旦合伙做生意，自然也不好意思提议把钱财分清楚，谁要是在这方面太计较了，便显得他太不够意思。朋友有通财之义，斤斤计较，岂不伤了和气？反正有钱大家花就是了，谁花多点儿，谁花少点儿，又有什么关系。

这种隐患，时间一长就会发作。到了年终、月尾结账时，发现生意是赚了钱，但赚的钱全部稀里糊涂地开销光了，大家的心里就会开始计较了。一开始，大家基于过去的友情，还不好意思公开指出来，等到了忍无可忍提出来时，必然会严重地伤害彼此的感情。好朋友一旦决裂，那并不是朋友还严重，不是他觉得你不够朋友，就是你认为他不讲交情。到了这种地步，除了分道扬镳，再也没有更好的办法。

与其走到这种地步，还不如一开始就未雨绸缪，把每个人应当分担的工作和应当享受的利益都交代清楚，让大家都有钱赚。携手共进，皆大欢喜。

第8章

想要创业？做自己最擅长的事才能坐上成功的直通车

生活中的人们，尤其是年轻人，你是否经常被一些创业成功的故事感动，是否内心激动不已，是否也想辞职创业？但事实上，创业成功的人极少，大部分人不但失败了，而且血本无归！可能你会感到震惊，甚至对创业产生畏惧之心，然而，你必须认识到的是，创业才能致富，固定的工资只能为你提供平常的生活。创业有失败者，但也有成功者，我们要吸取前人失败的经验教训，做足准备和计划，找准市场，尽量将创业的风险降到最低，相信你也能成功。

精确定位，判断某行业发展趋势

有人说，成名要趁早。同样，致富也要趁早。事实上，大部分的富翁在二十几岁的时候就已经在创业路上崭露头角，甚至是功成名就了。一个人如果在自己二十几岁时还没找到自己的人生方向和目标，那么，他这一辈子很有可能就与财富无缘了。因此，任何人要想通过创业致富，就必须趁早定位好自己，找到有发展前景的行业。

我们发现，生活中的一些穷人，对于自己的现状，他们总是不停地抱怨，抱怨自己没有获得机遇的光顾。殊不知，财富原本停留在了他身边，只是迟钝的他不知道抓住而已。每一个渴望获得财富的人都必须有敏锐的嗅觉，要有洞察财富的能力，要有捕捉信息的愿望，要快速感应外界的变化，尤其要善于捕捉每一丝商机。

随着信息时代的到来、互联网的发达，人们获取信息的渠道和方式越来越多，我们创造财富的机会也就无形中增大了很多。因此，别再抱怨自己捕捉不到商机了。如果你能综合各方面的信息，找到这个点，财富就会在你身边积聚起来。

克莱格、朱莉姬是一对夫妇，他们于1997年12月创立了

willowbee&Kent公司。公司的特色是为旅游者提供全套服务的"旅游超市",1998年,该公司销售额是100万美元,1999年已达350万美元。

在介绍这个"旅游超市"时,克莱格说:"当时,没有一家公司能提供这么广泛的服务,对于消费者来说绝对是物超所值。"目前,该旅行公司能在一个房间里为游客提供全方位服务,包括订票、购买旅游指南和探险服务,以及与旅游相关的其他事宜。

大学毕业后,克莱格夫妇花了3年时间研究旅游市场。他们频繁地参加旅游主题的会展以获取经验。"我们的目标是办一个独一无二的、有强烈视觉冲击力的旅游公司。"夫妻把自己的创意告诉了Retall设计公司,请他们为自己的公司做形象策划。

这家著名的设计公司很少为这类小公司服务,但是克莱格夫妇的创意深深打动了他们,觉得这种公司定位新鲜而独特,一定能吸引许许多多的旅游爱好者,从而挣大钱,于是为他们设计了一间极富个性的店。

在克莱格夫妇这家旅游超市里,顾客一进门就感受到了旅游的浪漫。他们可以浏览数以百计的旅游手册,并可在交互式的电视前完成到世界各地的虚拟旅行。门口是一个两层楼高的多媒体中心,环形屏幕上秀色可餐的美景令人怦然心动。顾客可以一边看着酒店和游艇的录像,一边向旅游顾问咨询,勾画自己的梦之旅。这样温馨的情调,很快在旅游者当中广为流传，这种旅行社立即在美国风靡起来，并向欧洲蔓延。

克莱格夫妇之所以能有如此独创性，找到这一商机，就是因为他们发现了市场潜力，看到旅游这一行业的未来前景，而这一切，与他们积极亲近生活是密切相关的。

对于那些渴望财富的人，他们最大的苦恼就是找不到创业的方向，不知道从何处下手，而其实，生活中处处都有商机。那些成功者，看似是因为他们运气好，而实际上是因为他们眼光敏锐，找到并抓住了稍纵即逝的时机，从而顺利地找到了他们的康庄大道。然而，这种独特的眼光并不是每个人都有的。我们在羡慕他们伸手快的同时，更应该努力培养自己，让自己也有一种敏锐的商业意识。那些迟钝的人，即使财富已经降临，他们也会视而不见。

现代社会，渴望创业成功的人，不能再固守老经验、老方法、老行业，尝试去发现新的事物并努力钻研，你会有所成就。

那么，信息时代想要创业的人们，如何定位自己呢？

有两个方法可以帮助我们快速定位：

1.唯一法

找到自己感兴趣的行业领域，列举出自己的所有优势，找到自己优势中与他人完全与众不同的优势，成为某个领域的唯一。

2.第一法

在自己过往的经历中，找到自己曾经获得过第一名的领域，然后分析总结自己能够成为第一的原因和优势，进而放大自己的优势，成为在某个地区某个领域的第一。

创业，就是要深耕于自己熟悉的行业

生活中，我们常听到有人感叹于那些创业成功者："我要是有某某那样的运气，就好了。"事实上，这些成功者之所以能攫取财富，并不只是运气，更是因为他们的努力，尤其是他们有着独到的眼光。他们打的是有准备的战——他们从不涉猎那些自己不熟悉的领域，而是专攻自己擅长的行业。可以说，这是失败的创业者和成功创业的人的最大的区别之一。

因此，我们要想获得创业的成功，就要找自己最擅长和合适的领域，在规划自己的理财道路上，绝不能人云亦云。

接下来，我们来看看家喻户晓的奢侈品品牌香奈儿是如何被创立和发展的：

法国女子加布里埃·香奈儿创立的香奈儿服饰风靡于20世纪20至30年代，至今香奈儿品牌仍是世界著名的品牌之一。她是服装史上一位非凡的女性，她一生中曾在两个时期准确无误地预见和把握时装潮流的趋向，两度把全世界女性的服装进行了全面革新，创造了服装史上的奇迹，成为"世界上50位最伟大的服装设计师"之一。在服装史上，如果说波烈品牌改变

第8章
想要创业？做自己最擅长的事才能坐上成功的直通车

了妇女的装束，那么，香奈儿品牌则真正引领了20世纪时装的变革。

香奈儿生于一对贫穷夫妇家中，父亲是小贩，母亲是牧家女。母亲在生下第五个孩子的第二年就去世了。那一年，香奈儿才6岁。父亲把孩子们留给别人照料，只身到美国闯荡。在随后的日子里，香奈儿受尽了屈辱。痛苦的经历使香奈儿产生了摆脱贫贱的强烈渴望。她性格刚毅，卓尔不群，什么都敢试一试。香奈儿的"胆大妄为"，让她成了服饰潮流的领跑者。

香奈儿有着倔强的、不安定的天性和爆炸性的创造力。据传，她在一次操作加热炉时，炉子突然爆炸而烧去了她几绺长发，她索性拿起剪刀把长发剪成了超短发型。在她走进芭蕾舞剧院之后的第二天，巴黎的贵妇们纷纷找理发师给她们剪"香奈儿型"发型。这种创新力，是她事业的灵魂。

香奈儿作为历史上一位最伟大与最具影响力的高级时装设计师，总是走在时装界的前列。在过去的100年中，无论是在时装设计上，还是在对人生的态度上，她都是女性追求的先导和典范，因为香奈儿能把握住时代的脉搏。诚如她所言："某一个世界即将消失的同时，另一个世界也正在诞生，我就在那个新的世界。机会已经来临了，而我也掌握住了，我和这个新世纪同时诞生。"她自豪地说："我是第一个生活在这个世纪里的人。"战后的巴黎，不再犹豫，服装简洁了，裙子短了，发式短了，香奈儿的运动衫、项链、色彩，恰是20世纪20年代的典型风范。

的确，香奈儿在服装行业是有天赋的，正因为认识到自己对这一行业的热爱和兴趣，她才会"胆大妄为"，才会有创新能力，才会成为服饰潮流的领跑者。"某一个世界即将消失的同时，另一个世界也正在诞生，我就在那个新的世界。机会已经来临了，而我也掌握住了，我和这个新世纪同时诞生。"可以说，不是每个人都能成为香奈儿。

生活中，或许你已经经历创业失败，你是否反省过：为什么失败？为什么别人做什么，你就做什么？原因就是你没有找到自己合适的领域。对于不擅长的工作，我们摔跤的可能性自然很大。

为此，在正式创业前，我们最好做到：

1.客观地评价自己，了解自己

这就需要你知道自己热爱什么，对什么行业更有兴趣，这样带着兴趣去投资，会更有耐心和成就感。

2.积淀自己在该领域的知识储备，做到厚积薄发

投资任何行业，都需要我们投入其中，真正了解该行业的历史、动态、发展方向等。毕竟，有的放矢地投资，获益的可能性才更大。

3.敢于改变现状，跳出现在的圈子

年轻就是资本，失败了大不了重新来过。当下的这片天固然很蓝，但现在的你只能是井底之蛙，想要翱翔于更广阔的天

空，你需要跳出现在的藩篱。

那么，你有足够的勇气吗？任何事都不会一帆风顺，都有艰险，投资也是。如果因为风险的存在而不去冒险，如果宁愿生活在父母长辈为自己编织的美梦中，宁愿固守自己的一片天地而不愿尝试，那么，你只能与财富无缘。

总之，创业中，真正的财富都是源于深入了解和分析，绝不是凭运气获得，这就需要我们选择适合自己的领域，然后稳扎稳打地进行了解、实施。

创业还是就业：年轻人该如何选择

对于每个人来说，从学校毕业以后，就面临着就业或创业的抉择。种种研究表明，踏入社会的第一份工作对一个人的职业生涯有着深远的影响。然而，就业的"窄思维"导致千军万马争铁饭碗，好行业、好岗位得不到，大城市、大企业进不去，中小城市、中小企业不愿去，自主创业没能力，最终结局是就业难。另一种情况是毕业生过分在意自己所学的专业，专业不对口不考虑，岗位不合适不去干。

在这种情况下，毕业生亟须转变就业观念，在就业渠道、就业方式、就业领域、就业岗位等方面灵活选择，不要等待观望。

事实上，二十几岁正是创业的最佳时期。有关部门的一份最新调查显示，上海八成以上已经创业成功或者正在创业的企业主都是在29岁之前就掘到了"第一桶金"。这一调查显示，创业的最佳年龄一般在25岁到30岁之间。而且，近年来，这个年龄有越来越小的趋势。

的确，对于任何一个致力于创业致富的人来说，30岁已经成为一个分水岭，创业"青春"的有效期已经越来越短。

为什么二十几岁是创业的最佳时期呢？这是因为年轻人的创新思维比中老年人更活跃。同时，年轻人正处于精力最充沛，最好动脑筋，创造欲最旺盛的年龄。尤其是在当今社会，软件、策划、投资等知识密集型行业，更注重人的创新能力，而不只是经验。如果仅凭经验从事自己的工作，对于创业来说已经有些落伍了。

另外，趁着年轻创业，即便失败，还有重新来过的时间和机会。那么，年轻是什么？年轻就是热情，就是执着，是那一份初生牛犊不怕虎的精神。要想创业成功，我们一定要将"恰同学少年，风华正茂；书生意气，挥斥方遒。"作为自己的座右铭。

相信很多人听过李玟阳这个名字，她被人们称为商业奇才，她的成功靠的也不只是幸运。一个20多岁的女子搏击商海，终于闯出了自己的一方天地。她的创业经历，不仅能让富家子弟模仿学习，还可以成为白手起家创业者的借鉴榜样。

和其他创业者不同的是，李玟阳创业并不是被贫穷的生活

第8章
想要创业？做自己最擅长的事才能坐上成功的直通车

所逼，相反，她出生于成都一个富裕家庭，是家里的独生女。实际上，含着"金汤匙"出生的她，始终坚持创业要靠自己。

无论是在艺术还是体育方面，李玟阳都表现出了出色的天赋。不到15岁就考上了省内一所重点大学的金融专业，当时，她也是这个专业年龄最小的学生。大学毕业后，在尝试了几份工作以后，她爱上了营销。2000年，她终于瞒着家里做了人生第一笔独立的投资——在成都市区繁华的盐市口地段开了一家服装店。半年后，直到生意已经很好了，她父母才从别人那里听到了这一消息。

随后，李玟阳成立了一家贸易公司，主营医疗器械的进出口，以及机电工程项目、工厂项目的自动化系统和设备装置等。她挂职董事长、总经理两头衔。这一次，父母虽说让她自己发展，但在很多项目中还是充当了幕后推手角色。

在经营这家公司时，她完成了一个经典运作：2002年，成都一家高校企业要完成一个污水处理项目，李玟阳先承包了其中很大一块，然后分包给几个不同的公司。

虽然这种模式现在已很普遍，但在当时尚属少见。这种创新之举让她在短短的几个月内赚了近千万元。

在完成千万元积累后，2002年前后，她开始寻找新的投资项目，并打算独立操刀。她先后考察过高校、水电、煤矿等多个项目，最终看中了广安华蓥的一家水泥厂。

在此期间，她认识了现在的丈夫。夫妇俩很快就收购了这

定位思维

家水泥厂，紧接着又收购了当地的另外一家大的水泥厂，前后共投入了3000多万元。

经过努力，两个厂红火起来，资产规模达到了数亿元。

2005年，她接手一家经营惨淡的酒楼后，为其经营赋予了难以复制的古文化概念，短时期内就在成都餐饮界确立了自己的地位。

对于很多正在创业的同龄人，李玟阳告诉他们的是，要独立干事业，必须有知识、有眼光、能吃苦、还要能放下架子。一个弱女子尚有这等勇气，尚能取得如此成就，那我们所有人呢？是不是也该向她学习、大胆尝试一下？

事实上，国家也鼓励高校毕业生自主创业，以创业带动就业，并为此出台了一系列鼓励扶持政策。有创业志向的毕业生可向当地人才服务部门申请免费培训，可以申请小额贷款，可以申请政策贴息，还可享受税收优惠等。有条件的毕业生可从小摊子、小门店、小本生意做起，凭自己的文化知识和聪明才智，谨慎经营，诚信经营，坚定信念，不怕吃苦，一步一步地向前走，自然会将小摊子做成大事业。当然，创业难也绝不是骇人听闻的传言，必须具备基本条件和基本素质，不可一哄而上。

毕业生如果认清形势，就业就不难了，创业成功的机会也就多了。

第8章 想要创业？做自己最擅长的事才能坐上成功的直通车

创业需要的不是投机，是实干

纵观现代社会的创业史，我们发现，曾涌现出无数个令人敬佩的创业成功故事，这些人并非一生下来就掌握某种本领或拥有异于常人的智慧，但是最终，他们却都得到了人生的馈赠。那些名人之所以会如此幸运，并不是因为上天的眷顾，而是因为他们有一种难能可贵的精神，那就是真正的勤奋。可以说，创业成功，并不是源于投机，而是实干。

成功并不是偶然，而是勤奋使然。同样，你只要先人一步勤奋努力，然后坚持下去，就能掌握成功的秘诀，获得一番成就。

创业路上，要想知道一个人会有多大的成就，不是看他做的事情的起点有多高，而要着重了解他在成功之前究竟流过了多少汗、克服了多少困难、花费了多少心血。准确地说，就是看他到底有多勤奋。要知道，曾经有过失败的人或许是勤奋的，但最终获得成功的人绝不是懒惰的！

不得不承认的是，现今社会，好高骛远、不脚踏实地是很多人的通病，他们是思想上的巨人，行动上的矮子，看到别人创业成功，他们也有了创业的冲动，并信誓旦旦要把它做好，一定要实现自己的目标，但到实施的时候，一旦出现了困难，便轻易地放弃；也有一些人，他们渴望成功，但他们的"愿望"仅仅是停留在"愿望"上，对于当下的工作，他们不屑一顾,眼高手低让他们始终与成功无缘。

要知道,任何事情的成功都不是一蹴而就的,需要我们一点一滴地付出。小事成就大事,在每件小事上认真的人,做大事一定成绩卓越。大凡那些成功攫取第一桶金并在事业上做出一番成就的人,他们都是脚踏实地的人,他们无不是着眼于现在、关注于手头上的每一件小事,在积累中实现卓越的。

总之,生活中渴望成功的人们,你如果正在创业,那么从现在起,就要重视工作中的每一件事,认真做好当下的事,并修饰你做事的每一个细节。没有小,就没有大;没有低级,就没有高级。每天那些点滴的小事中都蕴含着丰富的机遇,伟大的成就都来自每天的积累,无数的细节就能改变生活。

创业过程中,只有洋溢着满腔的热情,努力认真地过好现在每一分钟,埋头苦干眼前的工作,心无杂念地充实地度过每一个瞬间,才能把简单的事情做得不简单,才能开辟通向美好未来的道路。

青年在创业过程中,需要全方位地支持

最近一项调查显示,越来越多的大学生毕业后选择创业。不少青年人认为,给人打工不如自己当老板,充斥在他们周围

的，也是很多创业者成功的案例。然而，他们把问题想得太乐观了。据不完全统计，企业创业的失败率高达70%，而大学生创业成功率只有2%，远低于一般企业的创业成功率。

调查报告显示，我国高校缺乏系统的创业教育；青年在创业过程中，需要全方位的支持，而不仅限于资金。

那么，为何大多数人创业失败呢？主要有以下几点原因：

1.对前景预测过于乐观

一般在创业前，人们都会对自己所创业的项目的前景、未来利润和经营状况进行预测。然而，很多时候，他们的预测是想当然的，并没有科学依据。这样容易让创业者对前景盲目乐观，而忽视了潜在的威胁、风险。

其实，对创业前景的预测是需要下一些工夫的，要为每一个决策找到科学的市场依据。这就需要对所处行业的发展趋势、消费者的需求演变、竞争对手的经营能力等众多的市场要素和经营要素，进行综合分析和研究。

2.缺乏计划

创业前，必须做一个很好的计划。计划里要针对自己，针对市场做一个周密的分析，要知道自己适合做什么，整理一下有哪些可以利用的社会关系，估计一下资金如何运转，再了解一下市场的需求以及类似创业者成功或者失败的事例。

只有准备充分，才能以最快的速度赚到钱。如果要赚到更多的钱，那就看你对利润的把握。市场是由市场规律和国家调控平衡的。投资大，风险大，自然收益也大。根据自己的情况选择一个合适的职业，是最为关键的。

3.资源不足

资源不足，是很多人在初次创业的时候遇到的问题。条件欠缺，使创业成功率降低，但要有完全充分的资源也是不可能的。一是要有进入一个行业的基本条件，这样你才能立足行业；二是要具备独特性资源，这样你可以和同行有一定的差异化。

4.照搬照抄

对于前人的经验完全实行"拿来主义"的创业者，一般不会深入研究市场，由于他们看到的和学来的都是表面现象，自己的内部管理和经营理念等深层次的经营要素跟不上，所以别人成功了，自己却失败了。千军万马来挤独木桥，其结果是原本很有前景的一个行业，硬是被挤垮了。

5.不熟悉投资环境

任何一项生意，都有相对复杂的投资环境。要全盘考虑区域经济环境、企业社区生存环境、市场环境、竞争环境、居民消费环境，因为这些投资环境在促进一些投资项目发展的同时，也可能会对另一些项目产生制约。投资者在选定一个项目后，要在何地经营，就要先对该地的投资环境做好考察，看投资环境是否适合经营；看投资环境能为企业发展带来哪些契机，又潜伏着哪些威胁，从而作出正确的决策。

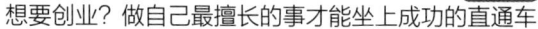

6.市场运作盲目跟风

市场运作盲目跟风，一般是因为经营者缺少市场运作能力。比如，一商家打折酬宾，满大街的商家都跟着打折酬宾。这种盲目跟风，结果只能陷入恶性的价格战，让所有的企业都无利可图。

7.缺乏市场营销意识

做任何生意都离不开营销，营销产品或营销服务。要研究市场，研究消费，以消费者的需求为中心，消费者需要什么，我们就生产什么、经营什么。在满足消费者需求的同时，才能创造出投资者的经营利润。

8.缺乏创业精神

不怕苦、不怕累，勇往直前，不达目的，决不罢休，这就是创业精神。任何人做任何事，都不能一蹴而就，创业尤其如此。在创业期间，困难和挫折是无法预料的，一个企业存在诸如销路、质量、管理、资金、人员等问题。一个没有创业精神的创业者是不会取得成功的。

向创业胜利者学习经验，能避免走弯路

前文中，我们提到，创业成功的概率很小，面对这样的现状，如果你也曾创业失败，你还有勇气继续创业吗？

要知道，任何成功都不是一蹴而就的。那些创业成功者之所以能创业成功，并不是因为上天的眷顾，而是因为他们不但有着难能可贵的精神，还做足了准备。那么，从这些创业成功者身上，有哪些值得我们学习的经验呢？对此，我们做出了总结：

1.有一份完整的创业计划书

我们创业必须制订一个完整的、可执行的创业计划书，即可行性报告，主要回答你所选的项目能否赚钱、赚多少钱、何时赚钱、如何赚钱以及所需条件等。回答这些问题必须建立在现实、有效的市场调查基础上，不能凭空想象，主观判断。根据计划书的分析，我们要再制定出企业目标，并将目标分解成各阶段的分目标，同时制订详细的工作步骤。

2.要有周密的资金运作计划

资金如同企业的粮食，要保证企业每天有饭吃，不能饿肚子，就要制订周密的资金运作计划。在企业刚启动时，一定要做好3个月以上或到预测盈利期之前的资金准备。

但开业后，由于各种情况会发生变化，比如，销售不畅、人员增加、费用增加等，因此要随时调整资金运作计划。而且，由于企业资金运作中有收入和支出，始终处于动态之中，所以创业者还要懂得一些必要的财务知识。

3.为自己营造一个好的氛围

一些创业者由于缺少社会经验和商业经验，一旦把自己单独放到整体商业社会，往往会难以把握。这时，可以先给自己营造一个小的商业氛围，进入行业协会是比较有效的一条途径。创业者可以借助行业协会了解行业信息，结识行业伙伴，建立广泛合作，促成自己在行业中的地位和影响。同时，创业者可选择一个能提供有效配套服务的创业（工业）园区落户，借助其提供的优惠政策、财务管理、营销支持等服务，使企业稳定发展。另外，还可以找一个经验丰富的企业管理咨询师做企业顾问，并学会借助各种资源，学会和各方面的人合作。千方百计给自己营造一个好的商业氛围，对创业者的起步十分重要。

4.从亲力亲为到建立团队

企业不是想出来的，是干出来的。年轻人有文化、头脑灵、点子多，但在创业的初期，受资金的限制，在没有形成运作团队之前，方方面面的事情必须自己去做。只有明确目标、不断行动，才能最终实现目标。在做事的过程中，要分清主次轻重，抓住关键、重要的事情先做。每天解决一件关键的事情，比做十件次要的事情更有效。当企业立了足，并有了资金后，就应该建立一个团队。创业者应从自己亲力亲为，转变为发挥团队中每一个人的作用，把合适的工作交给合适的人去做。一旦形成了一个高效稳定的团队，企业就会跨上一个新台阶，进入一个相对稳定的发展阶段。

5.盈利是做企业最终的目标

做企业的最终目的就是盈利，因此，无论是制订可行性报告、工作计划还是活动方案，都应该明确如何去盈利。大学生思维活跃，会有许多好的点子，但要使这些好的点子有商业价值，必须找到盈利点。企业的盈利源于找准你的用户，因此，企业要时刻了解你的最终使用客户是谁，他们有什么需求和想法，并尽量使之得到满足。

6.失败是迈向成功的阶梯

在企业的运作过程中，失败是难免的。失败了不气馁，调整方案，换个方式和方法继续前进，永远不停止前进的脚步，对于创业者来说很重要！看看我们身边一些成功的企业，特别是网络时代的英雄们，有几个是按他们创办初期的想法赚到钱的，他们大都经历过一个"死而复生"的过程，坚持就是胜利，唯有坚持，才使他们成为今天的网络英雄。我们应该明白，失败并不可怕，它是企业迈向成功的阶梯。

第9章

投资是天堂还是地狱?
取决于你对市场的
判断和定位

在投资领域，我们可以看到，到处是经验丰富的投资者，他们获得了财富的垂青，也到处是投资失败者，他们因为无知而血本无归。那么，投资到底是天堂还是地狱？这取决于一个人掌握的投资方面的知识、机遇与能力，以及是否有良好的投资心态。真正的投资高手，都耐得住寂寞、脚踏实地，对市场有着敏锐的观察力和超前的想象力，更有着我们想象不到的意志力，这些都是我们需要学习的。

记住，没有稳赚不赔的投资

生活中，相信我们每个人都希望获得成功，获得财富，财富带来的是物质生活的改善，能帮助我们实现某些愿望。如何获得财富是很多人探究的问题。随着投资市场的健全，不少人也开始学习投资，确实有不少人投资成功，获得了财富，但也有不少人投资失利，损失不少。究其失败原因，一些人是因为盲目投资，还有一些人是听信了所谓的稳赚不赔的谣言。而事实上，所谓的包赚不赔的投资秘籍根本就不存在。

所以，在投资市场，不要听信任何人传播的投资信息，更不要指望那些所谓的投资秘籍，要有自己的判断力。股神巴菲特曾说："几乎所有的投资都是来自我的直觉。"巴菲特这句话的意思是，在投资市场，要相信自己的直觉，而跟着别人的脚步投资，是不会发大财的。

"在别人贪婪的时候恐惧，在别人恐惧的时候贪婪"，这是巴菲特的投资名言。提到投资，提到股票，无一例外，人们都会想到巴菲特的名字，他是投资界的代表人物，他本人有过很多辉煌的成功案例。

巴菲特定律是有美国"股神"之称的巴菲特的至理名言，

是他多年投资生涯的经验结晶。从20世纪60年代廉价收购了濒临破产的伯克希尔公司开始，巴菲特创造了一个又一个的投资神话。

有人计算过，如果在1956年，你的祖父母给你10000美元，并要求你和巴菲特共同投资，如果你非常走运或者说很有远见，你的资金就会获得27000多倍的惊人回报，而同期的道琼斯工业股票平均价格指数仅仅上升了大约11倍。无怪乎有些人把伯克希尔股票称为"人们拼命想要得到的一件礼物"。在美国，伯克希尔公司的净资产排名第五，位居美国在线–时代华纳、花旗集团、埃克森–美孚石油公司和维亚康姆公司之后。

巴菲特能取得如此疯狂的成就，得益于他自己所信奉的圣经。后来，他将其总结为巴菲特定律。无数投资人士的成功，无不或明或暗地遵从着这个定律。然而，他也有投资失利的时候。

2008年，全球行业都受到金融危机的影响，即使是被誉为"股神"的巴菲特也不例外。当时，他的身家已经缩水到100多亿美元，而油价接近美国历史的最高点。于是，他大量增持美国第三大石油公司康菲石油公司股票，达到了8490万股，导致自己的公司损失了数十亿美元。

后来，巴菲特对外声称，他没有预料到能源价格会在去年下半年的时候急剧下降，并低估了金融危机的严重性，从而导

第9章
投资是天堂还是地狱？取决于你对市场的判断和定位

致了投资的失败。

就连一向经验老到的"股神"巴菲特也无法获知准确的信息，犯下了投资错误，这更充分说明了"包赚不赔的投资秘籍"在现实中是不存在的。这里，尽管巴菲特的决策是从自我利益最大化出发，并收集了很多有用的信息，经过分析和推理得出，但是依然免不了投资的失利，这更加证实了前面我们说的投资具有风险性这一事实。

可见，我们在投资时，如果想成功，也要记住巴菲特的话，投资市场，没有一成不变的模式，我们不可抱有幻想，希望借助他人的帮助或者投机取巧来获得财富。真正让我们赚钱的方法只有一条：就是积累经验和知识，并选择好投资的市场和领域。对于这一点，巴菲特告诉我们，最好要避开那些饱和的市场，而选择他人没有涉足的区域。

另外，巴菲特还总结了10项投资要点：

①投资要有规律；

②明确买价，它决定你报酬率的高低；

③税负地避免和利润的复合增长与交易费用使投资人受益无穷；

④不在意一家公司来年可赚多少，仅有关意未来5至10年能赚多少；

⑤价值型与成长型的投资理念是相通的：价值是一项投资未来现金流量的折现值，而成长只是用来决定价值的预测

过程；

⑥通货膨胀是投资者的最大敌人；

⑦要把投资对象放到未来收益高的企业；

⑧投资人要对所投资的企业进行全面了解，才能获得财务上的成功；

⑨"安全边际"从两个方面协助你的投资：首先是缓冲可能的价格风险，其次是可以获得相对较高的权益报酬率；

⑩拥有一只股票，期待它下个星期就上涨，是十分愚蠢的。

盲目进入投资市场，只会让你血本无归

前面，我们已经提过，一位成功的投资者，必须有良好的心态。然而，我们发现，生活中有一些人，他们在投资的过程中，出于对金钱的渴望，看到别人投资盈利，他们也跃跃欲试。但事实上，他们是无知投资，结果盲目进入投资市场，导致血本无归。

什么叫无知投资？就是不懂得投资知识，也不知道投资的一些基本操作技术，不了解投资行业的风险，就盲目地将资金投放出去，跟着别人瞎忙活。譬如，别人说进入，自己赶紧进入；别人说出去，自己赶紧出去。

第9章
投资是天堂还是地狱？取决于你对市场的判断和定位

事实上，财富的不幸乃至人生的不幸都是从这里开始的。可以说，在投资领域，很多烦恼和痛苦源于无知。因为无知，就会盲目，而盲目就让我们变得愚蠢。

小夏在一家物流公司工作，每个月工资三千多元，他省吃俭用，在工作的几年里，也存了几万元钱。他不希望自己就这么一直打工，心里一直盘算着如何寻找出路，也在寻找发财的机会。

一天午休的时候，他无意中看到几个同事在手机上看股票行情，便好奇地问："你们是在炒股吗？"

"是呀。"其中一个同事回答。

"能挣到钱吗？"小夏将信将疑地问。

"当然了，不然你指望那点儿工资生活呀？不理财投资，永远都受穷。"同事说。

听完同事的话，小夏觉得很有道理，想想自己也该做点儿投资了。

后来，在聊天中，小夏听同事说有几只股票涨势不错，就买了其中一只，而且买入不少。小夏心想，这下子要发财了，就坐等开盘。

谁知道，还不到三天，小夏就亏了一万多元，这可是小夏半年的工资。他心里悔恨，但是又不想抛售，心想万一涨了呢，所以，他还是选择焦急地等待着。可是接下来的几天，开盘情况依然很糟糕，小夏越亏越多，不得已的情况下，他割肉卖出了。一个星期，小夏就莫名其妙地损失了好几万元。

后来，小夏去咨询了一位投资经理人，告诉了他自己的情况。听完这位经理人的回答之后，小夏才如梦初醒。这位经理人是这样回答的："夏先生，任何一种投资，最忌讳盲目行动，尤其是股市。股市是一片汪洋大海，你如果连怎样炒股，怎样选择哪只股都不知道，贸然试水，是很容易被股市吞没的。"

可见，在投资领域，无知的投资是一种冒险，通常带来的结果也是负面的。

无知，刚开始会让你产生幻想，但最终的结果都是痛苦的。如果还意识不到自己是无知的，那么痛苦就会继续。

当然，如果我们真正了解陷入投资失败的原因，就能够通过不断地学习去根除苦因。如果我们不清楚无知的危害，只知道没有用的烦恼，并且经常痛苦不堪，估计还要失败。

什么是投资风险

投资风险是指对未来投资收益的不确定性，在投资中可能会遭受收益损失，甚至本金损失的风险。它也是一种经营风险，通常指企业投资的预期收益率的不确定性。只有在风险和效益相统一的条件下，投资行为才能得到有效的调节。

第9章 投资是天堂还是地狱？取决于你对市场的判断和定位

例如，股票可能会被套牢，债券可能不能按期还本付息，房地产可能会下跌等，这些都是投资风险。

投资者需要根据自己的投资目标与风险偏好选择金融工具。例如，分散投资是有效地科学控制风险的方法，也是最普遍的投资方式。将投资在债券、股票、现金等各类投资工具之间以适当的比例分配，一方面可以降低风险，另一方面可以提高回报。因为分散投资与资产配置要涉及多种投资行业与金融工具，所以财富专家建议投资者最好在咨询金融理财师后再进行分散投资。

投资风险是风险现象在投资过程中的表现。具体来说，投资风险就是从作出投资决策开始到投资期结束这段时间内，由于不可控因素或随机因素的影响，实际投资收益与预期收益的偏离。实际投资收益与预期收益的偏离，既有前者高于后者的可能，也有前者低于后者的可能；或者说既有蒙受经济损失的可能，也有获得额外收益的可能，它们都是投资的风险形式。

投资总会伴随着风险，投资的不同阶段有不同的风险，投资风险也会随着投资活动的进展而变化，不同投资阶段的风险性质、风险后果也不一样。投资风险一般具有可预测性差、可补偿性差、风险存在期长、造成的损失和影响大、不同项目的风险差异大、多种风险因素同时并存、相互交叉组合作用的特点。

我们可以将投资风险分为以下几种：

1.能力风险

资本社会及经济繁荣的社会,通货膨胀显著,金钱可购买的商品或业务都会渐渐降低。人们将现金存入银行收取利息,就会担心物价上升,货币贬值。自从1983年10月,港元与美元以7.80挂钩开始,港元的购买力迅速减弱,这种购买力的降低,是购买力风险。因为有此种风险,所以人们要投资股票、地产或其他投资方式,以保持手上货币的购买力。

2.财务风险

当购入一种股票,该公司业绩欠佳,派息减少,股价下跌,这就是财务风险。因为有此风险,有些人将资金存入银行,收取利息,以减少财务风险。

3.利率风险

债券的价格受银行存款利息影响。当银行存款利息上升,投资者就会将资金存入银行,债券价格也会下跌。这种因利率水平改变,而遭受损失的,称为利率风险。

4.市场风险

市场价格常常会出现波动,每天都有不同的市价。市价的波动,受经济因素影响、受心理因素影响、受政治因素影响,甚至受以上三种风险影响。例如,购买了股票,其后股价下跌,遭受损失,这就是市场风险。

5.变现风险

当买入的股票未能在合理价格下卖出,不能收回资金,就是一种风险。很多一向成交疏落的股票，在有好消息时，例如，收购消息，令股票突然旺盛，在这时候大量追进购入，一旦消息完结，其成交量会还原，这就是变现风险。投资目标要能随时在合理价格下收回资金，这是变现性强的股票。如果某股以10美元买入，在5美元的价格下才能迅速售出，就不能算是一种好的变现股票。

6.事件风险

与财政及大市完全无关的，但事件发生后，对该股价有沉重打击。这种事件风险通常都是突如其来的。

对于很多投资经验不足的二十几岁的年轻人来说，可能你会问，既然投资存在风险，那么，该如何识别呢？

投资风险识别是风险管理人员运用有关的知识和方法，系统、全面和连续地发现投资活动所面临的风险的来源、确定风险发生的条件、描述风险的特征并评价风险影响的过程。投资风险识别是风险管理的首要步骤，只有全面、准确地发现和识别投资风险，才能衡量风险并选择应对风险的策略。

投资风险的识别具有以下几个特点：

①投资风险的识别是一项复杂的系统工程。由于风险无处不在，无时不有，决定了投资过程中的风险都属于风险识别的范围；同时，为了准确、全面地发现和识别风险，需要风险管理部门和生产部门、财务部门等方面密切配合。

②投资风险识别是一个连续的过程。一般来说，投资活动

及其所处的环境随时都处在不断地变化中，所以，根据投资活动的变化适时、定期进行风险识别，才能连续不间断地识别各种风险。

③投资风险识别是一个长期的过程。投资风险是客观存在的，它的发生是一个渐变的过程，所以在投资风险发展、变化的过程中，风险管理人员需要进行大量的跟踪、调查。对投资风险的识别不能偶然为之，更不能一蹴而就。

④投资风险识别的目的是衡量和应对风险。投资风险识别是否全面、准确，直接影响风险管理工作的质量，进而影响风险管理的成果。识别风险的目的是为衡量风险并为应对风险提供方向和依据。

投资，需以掌握足够的专业知识为前提

生活中，相信不少人曾经从他人口中听到"欲望"这个词语，人们对其评价多半也是负面的。但事实上，无论做什么事，都是要有欲望的。一个人只有在欲望的驱使下，才会敢想敢做，才会敢于追求自己想要的人生。

我们先来假设一下，假设有这样两个年轻人，他们都是二十几岁，同时从学校走入社会，他们能力不相上下，也都一无所有。一个总是积极向上、每天干劲儿十足、努力充实自

第9章 投资是天堂还是地狱？取决于你对市场的判断和定位

己,每每遇到挫折,他依然鼓励自己不能消极;另一个年轻人,他目标模糊、满足于现状、每天浑浑噩噩、得过且过。想象一下,五年后,他们会有什么不同?

的确,尽管只是五年的时间,他们的差距已经显现出来了。前者通过自己的奋斗,已经小有财富,做人办事顺风顺水,事业越做越大、春风得意,而后者稍微遇到一些问题,便慨叹自己解决不了,每天活在抱怨中,常常为生计、金钱而苦恼。那么,这两种人,你想做哪种?当然是第一种!任何人都想拥有灿烂的人生。为什么不同的人会有不同的命运?曾经有人说:"人们往往容易把原因归结于命运、运气,其实主要是因为愿望的大小、高度、深度、热度的差别。"这正体现了心态的重要性。不想平庸,你就要有强烈的成功的愿望,并不知不觉地把它渗透到潜意识里去。

其实,投资何尝不是如此?可能有些年轻人会说:"我有着强烈的愿望,我很想发财。"但事实真的是这样吗?我们先来看一个调查报告:

在今天的美国,已经有超过三千万的股民,针对这些股票,华尔街的专业人士曾做过调查,调查结果是:80%的股民炒股的目的并不是赚钱。投资是金钱游戏,是很多绅士们玩的游戏,而这些股民之所以加入这一游戏中来,就是出于这一目的。比如,你处在一个富人圈中,你的朋友们都在玩这一游戏,为了不落后,你势必也想参加,这似乎已经成为大家标榜

> 定位思维

"成功人士"的一个重要标志了。

不得不承认,在我们的骨子里,是有着这样的赌博心态的,而投资行业无疑满足了我们这一心理。我们在忙碌而辛苦的工作之余,是乐于加入这样"有趣"的场所来的。现在,我们来反省一下自己,你是不是也是出于这一目的进入投资行业的?

我们再来反问自己一个问题:你的家里需要添置一台洗衣机,在购买这台洗衣机之前,你大概会首先跑商场,看看各种洗衣机型号的价格、性价比等,然后会在网上搜索他们的性能,查找相关资料,还有可能去亲戚或者朋友家打听他们用的是什么品牌的,甚至还有可能去网上查找相关价格等。但比起这台洗衣机,你对于手头所进行的投资又做了多少工作呢?你查找资料了吗?你所做出的努力又是购买洗衣机的几分之一呢?

可以说,我们对投资行业的欲望,也只有化为行动,才有实现的可能。所以,我们必须立志成为投资行业的专家。

接下来,我们举出几位投资大师的投资习惯,大概就知道该怎样做了。

巴菲特是尽人皆知的股神。对于投资,他每天都会阅读至少五份财经类报纸。在购买每一只股票之前,他都会深入了解这家公司,至少是知晓这家公司连续三年以上的财务状况,以及了解这家公司在行业内的情报;

第9章 投资是天堂还是地狱？取决于你对市场的判断和定位

在中国民间，有个叫林园的投资高手，他的生活深居简出。他在购进每一只股票前，都会对该企业进行实地考察，下的功夫绝不是那些跟风投资的人所能比的；

在上海，还有一位民间投资高手叫殷保华，他是一位资深股民。刚开始，他也碰了不少壁，后来经过勤奋苦学、到处拜师学艺，在业余时间，将市面上的投资类书籍几乎阅读了一往遍，终于能写出让人叹为观止的投资书籍。

我们举出的这些故事，就是要告诉那些致力于投资的人：投资绝不是赌博，不是凭运气赚钱的，而是需要下功夫，要学习专业的知识和积累经验，这就督促你要立志成为投资方面的专家。

的确，做任何一件事，要想把事情做到最好，你必须在心中为自己设定一个严格的标准，并且在做事时，你一定要按照这个标准来执行，决不能马虎。投资行业，玩的是金钱的游戏，涉及盈亏问题，更需要你做足功夫，尽量把可能发生的情况考虑进去，把风险降到最低，以尽可能避免出现1%的漏洞，直至达到预期的效果。

投资失败要从自身找原因，不要怀疑市场

任何一个有过投资经验的人都知道，投资市场好比战场，

既然是战场，就有成败。投资失败，我们就要勇于承认自己的错误，然后寻找错误出现的原因，才能在下次投资中尽量避免。然而，我们发现，一些投资者总是失败，这是为什么呢？因为他们不从自身找原因，而是怀疑市场。其实，市场不是永恒不变的法则，我们要适时调整自己的投资方案和策略，以适应市场的变化。

对于投资者而言，市场永远是很公平的。这就好比上天对于我们每个人也是公平的。如果上天没赋予你美貌，那一定会赋予你智慧；如果没赋予你智慧，那一定会赋予你美德；如果没赋予你逻辑思维能力，那一定会赋予你形象思维能力；如果没赋予你动脑能力，那一定会赋予你动手能力。每个人都是上天的宠儿，上天一定赋予了你很闪光的优点，只是你要能认识到，并把它发挥出来。

为此，我们要记住，身处投资市场，我们一定要有一个好心态，对于金钱，千万别好高骛远、异想天开，更不要怨天尤人。当你投资失败后，要学会调整心态。具体来说，你需要做到：

1.接受事实，承认失败

哲学家叔本华曾说过："逆来顺受是人生的必修课程。"我们每个人都要明白，当事情已发生时，我们只有接受。"事必如此，别无选择"，但这并非容易的事情，你需要经常提醒自己。

事实上,投资应该是快乐的,而不是烦恼的,但是不少人常因为投资失利而烦恼。他们内心懊悔,心态变坏,最终造成屡败屡战、屡战屡败的恶性循环。我们已经亏损了,如果心态再坏,进而影响到自己的身体健康,那简直是更不幸了。

2.检讨自己,找到原因

很多时候,我们投资失利,不只是技术上的失误和指示的欠缺造成的,而是浮躁的投资心理导致的。我们希望投资天天都赚钱,在这样贪婪的心理下,我们肆无忌惮地追加投资,最终失败。难道我们不该好好检讨一下自己吗?

3.先停下,然后再重新开始

我们时常钻进牛角尖而不自知,因而看不出新的解决方法。

在一个记者招待会上,记者问艾森豪威尔总统:"为什么你的周末度假那么长呢?"

艾森豪威尔的回答是:"我不相信,一个人无论是经营一家公司还是美国政府,他坐在办公室里就应该认真负责。因此,我们都应该避免琐事的干扰,应该把有限的精力用在基本决策上。只有这样,才会作出更好的判断。"

同样,拿破仑·希尔有一个同事,他与其他人的工作方式不同,他每个月都会花三四天时间去郊外度假。他发现,暂时停一停工作,换一下气氛,然后再重新开始,可以提高他的工作效率,因而在客户心目中显得更能干。

因此，当我们遇到投资失利时，不要马上放弃，不妨先静下来，当你能心平气和时，兴许答案就来了。

4.告诉自己"总会有别的办法可以办到"

在竞争激烈的市场中，每天都有公司成立，但每天也有公司停止运营。那些半路退出的人说："竞争太激烈了，还是退出保险些。"真正的关键在于他们遭遇障碍时，只想到失败，因此才会失败。

同样，投资中，你如果认为困难无法解决，就会真的找不到出路。因此，你一定要拒绝"无能为力"的想法，告诉自己"总会有别的办法可以办到"。

5.把握要点

投资出现问题，遇到问题，你应冷静下来，想想是不是曾经有其他人遭遇过类似的问题，却成功地克服了？问题的关键在哪里？只有找到问题的关键，才能解决好问题。俗语说："打蛇要打在七寸上。""七寸"就是蛇的致命处。我们对待问题，也要握住问题的"七寸"，才能把问题"置于死地"。

总之，失败乃兵家常事，面对投资失败，我们大可不必沉溺于沮丧之中，而应该先冷静下来，仔细分析与思考问题，才能找到问题的症结，才能反败为胜。

第9章
投资是天堂还是地狱？取决于你对市场的判断和定位

重视储蓄，它是做任何投资的前提

生活中，相信不少人都想通过投资赚大钱，但无论哪种形式的投资，储蓄都是基础，是资本积累的一种方式。虽然储蓄未必会让你成为富翁，但不储蓄一定成不了富翁。对自己的资产不进行储蓄的话，很快你的钱包就见底了。有一些人从未有储蓄的习惯，他们认为，享受生活就行了，无须储蓄；有的人认为储蓄利息太低了，还不如花掉；也有一些人认为，以后可以赚更多的钱，所以现在也不需要储蓄。

然而，这些认识都是错误的。首先，真正让我们变富裕的，并不是单纯的收入，而是储蓄。可能你认为，只要自己收入足够多、能赚到足够多的钱，就能改善一切。事实上，我们的收入和我们的生活品质是同比提高的，你赚的钱越多，你的需求也越大、花销自然更大。所以，我们可以看到一点，即便那些收入高的群体，也有不少人很难有积蓄。

其次，储蓄其实是付钱给自己。在日常消费中，我们付钱的对象都是别人，我们购买衣物，会付钱给收银员；我们贷款，需要付钱给银行。赚钱，是为了满足今天的生存，而储蓄，是在为未来作打算。

理财专家建议，当我们每次发薪水时，可以把这笔钱分成两部分，第一部分大概占90%，用于支付生活费用，而剩下的10%则存到另外一个账户上。也许你认为每个月薪水的10%

定位思维

实在太微不足道了，然而，你却忽视了时间的力量。只要坚持下去，一段时间以后，你一定会有意想不到的收获。或许有一天，这笔钱会成为你投资创业的资本。

马先生今年30岁，是一家国有企业的中层管理者，他在这家公司已经工作五年，收入也近万元，在曾经的同学中，他的收入可以说是中等偏上。然而，那些收入不如他的同学，在储备资金上却远远超过了他。这让马先生不明就里。

如今，马先生也到了适婚年龄，他的父母也坐不住了，给儿子打了个电话，说他们愿意拿出二十万元来给儿子买房子。只是在上海这样的大城市，首付远远不止这个数，所以他们希望马先生也拿出一部分，凑在一起作为房子首付。

然而，马先生却沉默了，不敢回应父母，原因是工作五年的他银行卡上连个六位数都没有。

还有一点让马先生感到困惑的是，父母都是收入一般的职工，哪来这么多积蓄？而且，他们的生活质量也不差，家里管理得井井有条，再看看自己，月入万元，平时也没怎么花大钱，竟然与那些才入职场的月光族差不多。

除此之外，周围的朋友都知道马先生收入不少，也就鼓动他跟大伙一起投资，然而，马先生还是拒绝了，因为没有启动资金。如今，周围的朋友都通过投资赚到了钱。

案例中的马先生收入并不少，却出现了这样的财务问题，这主要是因为他缺乏合理的储蓄规划。像马先生这样的年轻

第9章
投资是天堂还是地狱？取决于你对市场的判断和定位

人，他们的收入足够应付日常开销，但是就是很难积累财富，主要就是因为他们在日常生活中没有储蓄，在花钱时也是毫无章法。表面上看，每一笔钱似乎数额都不大，但是一个月林林总总地加起来，他们一个月的收入也就所剩无几了。

实际上，对于财富，最重要的不是你赚了多少，而是你存下多少。我们看那些成功人士，几乎都有储蓄的习惯，他们会拿出收入的一部分作为长期的储蓄投资。当然，可供选择的投资方法有很多，但无论何种方式，最后储蓄额都会随着本金和利息的增长而逐渐增长，而一段时间以后，他们的账户上就达到一定数额了。

为此，我们每个人都要养成强制自己储蓄的习惯，并坚决执行储蓄计划。具体来说，你要做到：

1.强制自己储蓄

对于一些收入不高、来源单一、花费比较多的人来说，一定给自己制定一个理财计划，强制储蓄，强制理财。

除了逐步缩减日常开支外，建议可以在银行开立一个零存整取账户，每月固定投入部分资金，金额根据个人收入而定。比如，如果你的薪水在4000元左右，你可定在1000元~1500元，同时可以开立基金定投账户，选择波动比较小的基金进行定投，每月投入1000元左右。

2.了解常见的储蓄方式

在我国，储蓄有以下几类：

（1）活期存款

指不规定期限，可以随时存取现金的一种储蓄。

（2）定期存款

指存款人同银行约定存款期限，到期支取本金和利息的储蓄形式。

（3）整存整取

指开户时约定存期，整笔存入，到期一次整笔支取本息的一种个人存款。人民币50元起存，外汇整存整取起存金额为等值人民币100元的外汇。

（4）零存整取

指开户时约定存期、分次存入固定存款金额（由您自定）、到期一次支取本息的一种个人存款。开户手续与活期储蓄相同，只是每月要按开户时约定的金额进行续存。储户提前支取时的手续比照整存整取定期储蓄存款有关手续办理。

（5）整存零取

指在存款开户时约定存款期限、本金一次存入，固定期限分次支取本金的一种个人存款

（6）存本取息

指在存款开户时约定存期、整笔一次存入，按固定期限分次支取利息，到期一次支取本金的一种个人存款。

（7）定活两便

指在存款开户时不必约定存期，银行根据客户存款的实际存期按规定计息，可随时支取的一种个人存款种类。

（8）通知存款

是指在存入款项时不约定存期，支取时事先通知银行，约定支取存款日期和金额的一种个人存款方式。

（9）教育储蓄

是为鼓励城乡居民以储蓄方式，为其子女接受非义务教育积蓄资金，促进教育事业发展而开办的储蓄。

3.减少日常开支

如果消费没有节制，这对于你的长远规划是很不利的。为此，你需要改变这种局面：一方面定期对家庭开支进行检查，逐步减少支出；另一方面减少信用卡的数量。信用卡不必很多，留一张有用的即可，以免产生不必要的支出。同时，巧妙利用信用卡优惠活动，达到省钱的目的。

4.自我监督，坚决执行储蓄计划

再好的投资理财计划，如果只是嘴上说说、并不执行或者三天打鱼，两天晒网，都是起不到任何作用的。为此，你必须做好自我监督，坚决执行你制订好的储蓄计划。如果自制力不足，可以让身边的人监督你。

定位思维

投资中这几类不良心态要不得

我们都知道，无论是哪种类型的投资，都是金钱的游戏，更是考验我们智慧的博弈。所以，在投资中，机遇与风险是相伴相随的，它们如影随形。风险中蕴含了机遇，机遇中也存在风险，就看我们是智者还是愚人。智者总是懂得化险为夷，愚人却似乎总是深陷困境。

成败一念之间，生活中的你，若想从投资中获利，最重要的还是掌握交易中最好的品质——好心态。对于投资中的一些不良心态，年轻人必须摒弃，否则，只会让本来的自己变得更加无法自制。把握其中的度，你将成为投资英雄。

具体来说，在投资中，我们要摒弃以下几种不良心态：

1.赌徒心理

对于投资，一些年轻人本来就抱有不正确的心态，比如，他们认为投资本来就如同赌博，一旦沾染，就很难戒掉。但其实，这些人本身就带有根深蒂固的赌徒心态。要知道，无论哪种投资，都不是赌博，要想获利，也不是凭借运气，而是需要我们付出心血和努力。

不得不承认，很多投资是高风险的，但不能因为这一点，就希望自己能通过投资一夜暴富，如果有这样的想法，只会扰乱心态。在投资中，必须严格、谨慎和有纪律性。我们可以把投资当成自己的一种爱好，毕竟所投资的金钱也是自己的闲散资金，这有利于我们克服自己的贪婪，有利于我们调整心态，这样，我们才能在投资这条路上走得更远、更久。

2.跟风心理

在投资市场，到处都是消息，不少人尤其是那些缺乏经验的年轻人，他们没有独立的见解而经常听从别人的建议，人云亦云。以炒股为例，他们不懂得怎样分析当时的行情，所以别人说什么，他们就怎样做，到后来他们都不知道自己的钱是怎么损失的。也有一些人，他们不相信自己的判断，宁可相信别人的错误，一旦发现投资失败、选择错误，就怨天尤人，更不愿意对自己的跟风心理负责。

其实，我们发现，生活中，大部分人投资失败的主要原因都在于此。看到别人挣钱，就效仿别人，看到别人对某项投资分析得头头是道，就唯命是从。一味地跟风让他们不相信自己的判断，而愿意相信别人的错误，这样的心理在投资领域是可怕的，也是危险的，最终这些人都尝到了苦果。

3.随意交易

投资有风险，投资市场是危机四伏的，在投资行业，如果不掌握一定的规则和概率，是无法生存的。年轻的投资者，你如果只是抱着来玩玩的心态，那是赚不到钱的。

虽然投资市场有风险存在，但你只要懂得控制风险的方法，就能将风险控制在一个较低的水平。而你首先要做的就是制订计划，要遵循"无计划，不交易"的原则。

4.一意孤行

有些投资者在投资过程中显得很浮躁,导致了整个投资就如同他的心情一样糟糕。他被情绪掌控住了,有时候会做出失去理智的举动,在不该出手的时候出手,在该出手的时候又没有行动,或者频繁交易,这都是为了证明自己判断的准确性。而这样做很明显是忽视了资金的安全,很容易导致投资失利。

生活中,你如果是个情绪化的人,在快要失去理智的时候,不妨进行模拟操作,这样既能减少这段时间内因冲动而造成的损失,又能起到缓解情绪、调整心态的作用。

其实,任何类型的投资都如同博弈,只是当局者迷而旁观者清。盘面如人生,放下应该放下的,那么,就能得到你所想得到的。面对投资的小波动,没必要惊慌失措,年轻人,你要做的是最有把握的投资。老一辈的赌徒有一句话:有赌不为输。在学会控制风险的同时,也要小心自己手头的每一项投资。一个成功的投资者,其个人能力是必不可少的,交易经验也是重要因素,但前提是投资者必须拥有健康良好的交易心态。只有这样,你才能在投资领域长远地走下去!

参考文献

[1] 汉密尔顿. 富定位，穷定位[M].张淼，译.广州：广东人民出版社，2016.

[2] 里斯，特劳特.定位[M].邓德隆，火华强，译.北京：机械工业出版社，2017.

[3] 舍费尔.定位[M].李月，高璐，译.北京：台海出版社，2021.

[4] 刘松涛.定位：攻心之战[M].北京：中国财政经济出版社，2011.